专门用途汉语（CSP）教材
Chinese for Specific Purposes

民航汉语

飞往中国的航班
A Flight to China

Civil Aviation Chinese

编者：
王　静　王敏婕　尹　维　高雪丹　左凤兰　周　凌

图书在版编目(CIP)数据

民航汉语：飞往中国的航班 / 中国民航管理干部学院编写．—北京：北京语言大学出版社，2012.1

专门用途汉语教材

ISBN 978-7-5619-3233-9

Ⅰ.①民… Ⅱ.①中… Ⅲ.①民用航空—汉语—对外汉语教学—教材 Ⅳ.①H195.4

中国版本图书馆 CIP 数据核字（2012）第 007326 号

书　　名：民航汉语
英文翻译：王付翠
内文插画：苗晓文
责任印制：汪学发

出版发行：北京语言大学出版社
社　　址：北京市海淀区学院路 15 号　　邮政编码：100083
网　　址：www.blcup.com
电　　话：发行部　82303650/3591/3651
编辑部　82303647/3592
读者服务部　82303653/3908
网上订购电话　82303668
客户服务信箱　service@blcup.net
印　　刷：北京联兴盛业印刷股份有限公司
经　　销：全国新华书店

版　　次：2012 年 2 月第 1 版　2012 年 2 月第 1 次印刷
开　　本：787 毫米×1092 毫米　1/16　**印张**：19
字　　数：376 千字
书　　号：ISBN 978-7-5619-3233-9/H·12011
定　　价：73.00 元（含录音 MP3）

编写说明

随着改革开放的深入和民航事业的发展，中国与国际间的交流与合作日益频繁，中国出境游的旅客逐年增多。外国航空公司为了扩大在中国的市场份额，纷纷改进服务，希望通过汉语航空服务满足中国乘客的需求，因而越来越重视对外航空乘人员的汉语培训。另一方面，来中国旅游、学习、工作的外国人也越来越多，也需要学会用汉语在搭乘飞机时与中国人交往。为了满足这一类人学汉语的需求，我们根据平时在教学中积累的经验和我校的优势，编写了这本教材。

本教材着力突出民航服务的特点，以实用为原则，旨在让学员说出地道的民航汉语，达到用汉语与中国乘客（或中航乘务人员）交流的目的。本书适合初学汉语（配合零起点普通汉语教材使用）或有一定汉语基础的学习者，可作为短期培训外籍乘务员的汉语会话教材，也可作为在岗乘务员或一般外国人的自学教材。

本书分为实用会话篇、分类词汇篇、附录三个部分。

实用会话篇一共有20课，包含了乘客从登机到离开机场时工作人员用汉语服务的全过程。我们按照这一过程的时间顺序编排了课文场景，分别为：订票—退换票—在值机柜台—货币兑换—安全检查—迎接旅客和安排座位—安置行李—航班延误—飞行安全教育—饮料供应—正餐供应—道歉—为患病乘客服务—帮助乘客寻找失物—机上娱乐—机上购物—介绍目的地—备降—抵达—行李提取。这些场景都是民航工作人员日常所必需的工作内容。每课包含七个部分，分别为：重点句、课文、生词、注释、语法、练习以及“你知道吗？”。重点句提出了该课需要掌握的使用频率较高的句子。课文大部分是乘客和乘务员的对话，一部分是飞机上的广播。这部分内容语言简洁、得体，便于识记。语法部分主要针对课文中出现的意义项，没有对某个语法点展开大量的详述，目的在于让学员快速准确地理解该语法点在本课的语法含义。练习部分，语音练习贯穿始终，因为对空乘人员来说，准确的发音很重要。除此以外，本课的词汇、语法也渗透在练习中。需要说明的是，练习中“替换画线部分”是需要学员重点练习的，有些没有编进课文中的航空用语，在这部分练习中有大量体现。另外，练习对前课内容进行了适当复现，以便学生巩固所学。“你知道吗？”介绍关于中国的小知识，可以让学习者在学习汉语的同时更多地了解中国文化和风俗。每五课设计了一个复习课，主要针对前面所学进行梳理和强化练习。

为减轻学员识记汉字的困难并帮助学员准确理解课文，课文和练习中汉字加注了拼音，所有课文配有英译。课文英译、生词总表、部分练习参考答案附于实用会话篇最后。

分类词汇篇包含机场主要设备词汇、机上主要设备词汇、飞行词汇以及乘务实用词汇，这部分词汇涉及民用航空服务的各个方面，便于学生扩展词汇量以及查阅所用。

附录部分包含汉语拼音与国际音标对照表、世界主要城市及其代码、中国主要城市机场及其代码、世界主要航空公司及其代码，便于自学时查阅。

本书的编排一方面可以满足学员民航汉语速成会话的需求，另一方面也可以让他们从语音、词汇、语法等方面比较全面地学习汉语，可以说，既方便实用，又扎实有效。

本书重点句、课文、所有词语和部分练习配有录音。如果条件成熟，课文部分拟配 DVD 教学录像，更方便教学和自学。

在本书编写过程中，我们参考了一些相关书籍，在此谨向有关作者表示感谢，并向所有关心本书编写的领导、同行表示诚挚的谢意。

来吧，让我们一起乘上飞往中国的航班，开始快乐的希望之旅。

编者

2012 年 2 月

Compilation Introduction

Along with China's reform and opening up as well as the development of civil aviation, international communication and cooperation become increasingly frequent. On the one hand, the number of outbound travelers in China is getting larger and larger. In order to expand the market share in China, foreign airlines have been improving their services to meet the needs of Chinese passengers by supplying air services in Chinese and hence paying more and more attention to Chinese language training for foreign cabin crew. On the other hand, the number of foreigners traveling, studying and working in China is also increasing. They need to learn some aviation Chinese for better communication with Chinese when traveling by air. To meet the needs of these people, we have compiled this book based on our teaching experience and the advantages of our college.

Emphasizing the characteristics of civil aviation services and following the principle of being practical, this textbook is to help learners speak authentic Chinese language and communicate with Chinese passengers (or stewards on Chinese airlines) in Chinese. This book is suitable for beginners (to use with other beginning-level Chinese textbooks) or learners with basic Chinese proficiency. It can serve as a textbook of Chinese conversations for foreign stewards taking short-term training courses and also a self-teaching material for on-the-job stewards or foreigners in general.

This book is divided into three parts: practical conversations, classified vocabularies and appendices.

There are twenty lessons in the part of practical conversations, covering the whole process of the staff's Chinese services supplied from the moment passengers board a flight to the moment they leave the destination airport. We arranged such process into different scenes according to time sequence, such as booking tickets, returning and changing tickets, at the check-in counter, currency exchange, security check, passenger reception and seat arrangement, baggage arrangement, flight delay, flight safety education, beverage service, meal service, making an apology, providing services for sick passengers, helping passengers look for lost articles, entertainment on the plane, shopping on the plane, introducing the destination, making preparations for landing, arriving, and baggage claiming. All these scenes are involved with the necessary job duties of the aviation staff members. There are seven parts in each lesson, including key sentences, texts, new words, notes, grammar, exercises and "Do you know it?". High-frequency sentences to be mastered are presented in the part of key sentences. The texts are mainly conversations between passengers and the cabin crew and some announcements on planes, and the language in this part is concise, proper and easy to memorize and study. The grammar part mainly focuses on the important grammatical items from the texts, and no long specification is made on one grammatical point in order to help learners grasp the meanings of the grammar points in each lesson accurately and quickly. Phonetic exercises are throughout the part of exercises as accurate pronunciation is of great importance for flight attendants, and besides, words and grammar points in the texts are embodied in the exercises too. A point to be noted is that learners should pay great attention to the practice of the part "Substitute the underlined parts", in which there are lots of aviation words and expressions that are not included in the texts. The part "Do you know it?" is to introduce Chinese culture and social customs to foreign learners of Chinese language. There is a review lesson after each five lessons, which summarizes the previous knowledge and intensifies the exercise.

To alleviate learners' difficulty in memorizing Chinese characters and help them accurately understand the texts, characters in the texts and exercises are provided with *pinyin* and all the texts are provided with English translations. Texts in English, vocabulary list and answers to some exercises can be found at the end of the book.

Including vocabularies on major airport facilities, major plane installation, flight and flight services, the part of classified vocabularies covers various aspects of civil aviation services, and is of great convenience for learners to expand their vocabulary and consult.

The appendices include the table of comparisons between Chinese *pinyin* and the international phonetic system, major cities in the world and the corresponding codes, airports in major Chinese cities and the corresponding codes, as well as major airlines in the world and the corresponding codes. Learners can refer to them when studying on their own.

The arrangement of this book is practical, convenient and effective for learners to not only learn civil aviation conversations quickly, but also grasp the phonetic, lexical and grammatical knowledge comprehensively.

The key sentences, texts, all the new words and some exercises are recorded in MP3 format. If conditions are ripe, DVD teaching videos will be provided for the texts, which will be more convenient for both classroom teaching and self-teaching.

We have referred to many relevant books during the compilation of this book. We hereby extend our sincere gratitude to the authors concerned, and to the leaders and peers who have showed their solicitude for the compilation of this book.

Now, let's board the flight to China and start a happy journey of hope.

Compilers

February, 2012

目录 Contents

实用会话篇
Practical Conversations

1	您有什么需要 May I Help You	订票 Booking tickets	2
2	您订的是特价票 You've Booked a Ticket at a Special Rate	退换票 Returning and changing tickets	13
3	您的行李超重了 Your Baggage Is Overweight	在值机柜台 At the check-in counter	23
4	外币兑换处在哪儿 Where Is the Foreign Exchange Counter	货币兑换 Currency exchange	32
5	这样的液体是不允许带上飞机的 Such Liquid Is Not Allowed on the Plane	安全检查 Security check	44
复习一	Review One		56
6	欢迎您乘坐本次航班 Welcome to This Flight	迎接旅客和安排座位 Passenger reception and seat arrangement	61
7	请把行李放到行李架里 Please Put the Baggage into the Overhead Compartment	安置行李 Baggage placement	70
8	由于延误，我们向您道歉 We Are Sorry for the Delay	航班延误 Flight delay	81
9	飞机马上就要起飞了 The Plane Is about to Take Off	飞行安全教育 Flight safety education	92
10	您想喝点儿什么 What Do You Want to Drink	饮料供应 Beverage service	103
复习二	Review Two		113

11	这是您的午餐，请慢用 Here Is Your Lunch. Please Enjoy It	正餐供应 Meal service	119
12	是我弄错了，实在抱歉 It Is My Mistake, and I Am Really Sorry	道歉 Making an apology	130
13	您可能晕机了 You Are Probably Airsick	为患病乘客服务 Providing services for sick passengers	139
14	我的钱包丢了 My Wallet Is Lost	帮助乘客寻找失物 Helping passengers look for lost articles	148
15	我们将在5频道放映电影 We Will Show a Movie on Channel 5	机上娱乐 Entertainment on the plane	157
	复习三 Review Three		166
16	请您参阅购物指南 Please Refer to the Shopping Guide	机上购物 Shopping on the plane	173
17	祝您纽约之行愉快 Wish You a Good Trip in New York	介绍目的地 Introducing the destination	183
18	我们的飞机正在下降 Our Plane Is Descending Now	备降 Making preparations for landing	192
19	感谢您乘坐本次航班 Thank You for Taking This Flight	抵达 Arriving	202
20	在哪儿提取行李 Where Shall I Claim the Baggage	行李提取 Baggage claiming	211
	复习四 Review Four		222
	课文英译 Texts in English		226
	词语总表 Vocabulary		242
	部分练习参考答案 Answers to Some Exercises		255

分类词汇篇
Classified Vocabularies

一、机场主要设备词汇
Vocabulary on Major Airport Facilities 262

二、机上主要设备词汇
Vocabulary on Major Plane Installation 265

三、飞行词汇
Vocabulary on Flight 270

四、乘务实用词汇
Practical Vocabulary on Flight Services 271

附　录
Appendices

附录 I 汉语拼音与国际音标对照表
Table of Comparisons Between Chinese *Pinyin* and the International Phonetic System 276

附录 II 世界主要城市及其代码
Major Cities in the World and the Corresponding Codes 278

附录 III 中国主要城市机场及其代码
Airports in Major Chinese Cities and the Corresponding Codes 287

附录 IV 世界主要航空公司及其代码
Major Airlines in the World and the Corresponding Codes 290

词类简称表

Abbreviations of parts of speech

简称 Abbreviations	全称 Parts of speech in Chinese	拼音 Parts of speech in *pinyin*	英译 Parts of speech in English
名	名词	míngcí	noun
专名	专有名词	zhuānyǒu míngcí	proper noun
动	动词	dòngcí	verb
能愿	能愿动词	néngyuàn dòngcí	modal verb
形	形容词	xíngróngcí	adjective
代	代词	dàicí	pronoun
量	量词	liàngcí	measure word
数量	数量短语	shùliàng duǎnyǔ	numeral-classifier compound
前缀	前缀	qiánzhuì	prefix
副	副词	fùcí	adverb
连	连词	liáncí	conjunction
介	介词	jiècí	preposition
助	助词	zhùcí	particle
语气	语气词	yǔqìcí	modal particle
叹	叹词	tàncí	interjection

Shíyòng Huìhuà Piān
实用会话篇
Practical Conversations

1 Nín Yǒu Shénme Xūyào 您有什么需要 May I Help You

01

Dìng piào
订票
Booking tickets

• 重点句 • Key Sentences

Qǐngwèn, nín yǒu shénme xūyào?
1. 请问，您有什么需要？
May I help you, please?

Nín shāo děng.
2. 您稍等。
Just a moment, please.

Qǐng chūshì nín de hùzhào.
3. 请出示您的护照。
Please show me your passport.

课文 → Texts

（一）

一位乘客正在打电话预订机票。

A passenger is calling to book an air ticket.

Gōngzuò rényuán Nín hǎo! Měiguó Dàlù Hángkōng Gōngsī.
工作　人员：您好！美国大陆航空公司。
Qǐngwèn, nín yǒu shénme xūyào?
请问，您有什么需要？

Chéngkè Wǒ xiǎng dìng yì zhāng cóng Niǔyuē dào Běijīng de jīpiào.
乘　　客：我想订一张从纽约到北京的机票。

Hǎo de. Qǐngwèn nín yào nǎ tiān de?
工作　人员：好的。请问您要哪天的？

Wǔyuè shíbā hào de.
乘　　客： 5 月 18 号的。

Nín shāo děng, wǒ chá yíxià. Hěn bàoqiàn, xià ge xīngqīwǔ fēiwǎng Běijīng de suǒyǒu hángbān yǐjīng yùdìng mǎn le. Nín kěyǐ liúxià nín de liánxì fāngshì, rúguǒ yǒu rén qǔxiāo dìng piào, wǒmen huì gēn nín liánxì.
工作人员： 您稍等，我查一下。（过了一会儿 After a while）很抱歉，下个星期五飞往北京的所有航班已经预订满了。您可以留下您的联系方式，如果有人取消订票，我们会跟您联系。

Hǎo de.
乘　　客： 好的。

（二）

一位乘客在售票处买票。

A passenger is buying a ticket at the ticket office.

Nín hǎo! Nín yǒu shénme xūyào?
工作人员： 您好！您有什么需要？

Wǒ xiǎng mǎi yì zhāng wǔyuè shíbā hào Niǔyuē dào Běijīng de jīpiào.
乘　　客： 我想买一张 5 月 18 号纽约到北京的机票。

Yǒu zhídá de ma?
有直达的吗？

Yǒu, shí'èr diǎn shíwǔ de hé shíwǔ diǎn wǔshí de.
工作人员： 有，12: 15 的和 15: 50 的。

Wǒ yào shí'èr diǎn shíwǔ de, jīngjìcāng.
乘　　客： 我要 12: 15 的，经济舱。

Duōshao qián?
多少钱？

Liùbǎi měiyuán. Qǐng chūshì nín de hùzhào.
工作人员： 600 美元。请出示您的护照。

Gěi nín.
乘　　客： 给您。

生词 New Words 

1.	您好	nín hǎo		hello
2.	航空公司	hángkōng gōngsī		airline company
3.	有	yǒu	(动)	to have
4.	需要	xūyào	(名、动)	need; to need
5.	订	dìng	(动)	to book
6.	从……到……	cóng……dào……		from ... to ...
7.	机票	jīpiào	(名)	air ticket
8.	哪	nǎ	(代)	which
9.	稍等	shāo děng		just a moment
10.	一下	yíxià	(数量)	*used after a verb, indicating an act or an attempt*
11.	抱歉	bàoqiàn	(形)	sorry
12.	飞往	fēiwǎng	(动)	to fly to
13.	所有	suǒyǒu	(形)	all
14.	航班	hángbān	(名)	flight
15.	已经	yǐjīng	(副)	already
16.	满	mǎn	(形)	full
17.	留下	liúxià	(动)	to leave, to give
18.	联系方式	liánxì fāngshì		contact information
19.	如果	rúguǒ	(连)	if, suppose
20.	取消	qǔxiāo	(动)	to cancel
21.	直达	zhídá	(动)	to go direct to

22.	经济舱	jīngjìcāng	（名）	economy class
23.	美元	měiyuán	（名）	US dollar
24.	出示	chūshì	（动）	to show
25.	护照	hùzhào	（名）	passport
26.	给	gěi	（动）	to give

专有名词 Proper Nouns

1.	美国大陆航空公司	Měiguó Dàlù Hángkōng Gōngsī	Continental Airlines
2.	纽约	Niǔyuē	New York
3.	北京	Běijīng	Beijing

注释 Notes

- **下个星期五飞往北京的所有航班已经预订满了。**
  我想买一张 5 月 18 号纽约到北京的机票。
  12: 15 的和 15: 50 的。

时间的表达 Time Expressions

（1）

xīngqīyī	xīngqī'èr	xīngqīsān	xīngqīsì	xīngqīwǔ	xīngqīliù	xīngqīrì / xīngqītiān
星期一	星期二	星期三	星期四	星期五	星期六	星期日 / 星期天
Monday	Tuesday	Wednesday	Thursday	Friday	Saturday	Sunday

（2）

yīyuè	èryuè	sānyuè	sìyuè	wǔyuè	liùyuè	qīyuè	bāyuè	jiǔyuè
一月	二月	三月	四月	五月	六月	七月	八月	九月
January	February	March	April	May	June	July	August	September

shíyuè	shíyīyuè	shí'èryuè
十月	十一月	十二月
October	November	December

	yī hào	èr hào	sān hào	èrshíbā hào	èrshíjiǔ hào	sānshí hào	sānshíyī hào
（3）	一号	二号	三号……	二十八号	二十九号	三十号	三十一号
	1st	2nd	3rd	28th	29th	30th	31st

	zǎoshang	shàngwǔ	zhōngwǔ	xiàwǔ	wǎnshang	yè li
（4）	早上	上午	中午	下午	晚上	夜里
	morning	forenoon	noon	afternoon	evening	night

	yī diǎn	liǎng diǎn líng wǔ	sān diǎn shí fēn	sì diǎn yí kè	wǔ diǎn bàn
（5）	一点	两点零五	三点十分	四点一刻	五点半
	one o'clock	five past two	ten past three	a quarter past four	half past five

	shàng ge xīngqī	zhège xīngqī	xià ge xīngqī	shàng ge yuè	zhège yuè	xià ge yuè
（6）	上个星期	这个星期	下个星期	上个月	这个月	下个月
	last week	this week	next week	last month	this month	next month

	qiántiān	zuótiān	jīntiān	míngtiān	hòutiān
（7）	前天	昨天	今天	明天	后天
	the day before yesterday	yesterday	today	tomorrow	the day after tomorrow
	qiánnián	qùnián	jīnnián	míngnián	hòunián
	前年	去年	今年	明年	后年
	the year before last	last year	this year	next year	the year after next

汉语表达时间的顺序是从大到小。例如：

The order of the Chinese expressions indicating time: year, month, date (day), specific time. For example,

èr líng yī èr nián yī yuè èrshíwǔ rì / hào (xīngqīsān) xiàwǔ sì diǎn shíwǔ fēn / yí kè

2012年1月25日/号（星期三）下午4: 15

口语中说日期，不说“×月×日”，说“×月×号”。

In spoken Chinese, we don't say “×月×日”, but say “×月×号”.

语法 → Grammar

● 怎么问 How to ask questions

（1）什么 shénme what

① 您有什么需要？ Nín yǒu shénme xūyào?

② 您喝什么饮料？ Nín hē shénme yǐnliào?

③ 您吃什么？ Nín chī shénme?

（2）哪 nǎ which

① 请问您要哪天的？ Qǐngwèn nín yào nǎ tiān de?

② 您是哪国人？ Nín shì nǎ guó rén?

③ 您要哪个航班？ Nín yào nǎ ge hángbān?

（3）多少 duōshao how many / how much

① 这个多少钱？ Zhège duōshao qián?

② 您带了多少行李？ Nín dàile duōshao xíngli?

③ 飞机上有多少乘客？ Fēijī shang yǒu duōshao chéngkè?

（4）……吗？ ……ma? *indicating a general question*

① 有直达的吗？ Yǒu zhídá de ma?

② 晚上的航班，行吗？ Wǎnshang de hángbān, xíng ma?

③ 是中国国际航空公司吗？ Shì Zhōngguó Guójì Hángkōng Gōngsī ma?

练习 → Exercises

一、跟读音节 Read the syllables after the recording. 

bō	pí	mǎ	fù
dāo	tóu	nǎi	lù
gān	káng	hěn	jù
qiān	xié	zǒng	cuì
suān	zhí	chuǎn	shùn
rēng	yuán	wěi	yuè

二、跟读词语，注意声调

Read the words and expressions after the recording, and pay attention to the tones.

nín hǎo 您好	yǒu shénme xūyào 有什么需要	wǒ xiǎng 我想	dìng jīpiào 订机票	qǐngwèn 请问
nín shāo děng 您稍等	chá yíxià 查一下	hěn bàoqiàn 很抱歉	liánxì fāngshì 联系方式	gēn nín liánxì 跟您联系
hǎo de 好的	jīngjìcāng 经济舱	duōshao qián 多少钱	qǐng chūshì hùzhào 请出示护照	gěi nín 给您

三、跟读句子，注意语音语调

Read the sentences after the recording, and pay attention to the pronunciation and intonation.

Qǐngwèn, nín yǒu shénme xūyào?
1. 请问，您有什么需要？

Qǐngwèn, nín yào nǎ tiān de?
2. 请问，您要哪天的？

Nín shāo děng, wǒ chá yíxià.
3. 您稍等，我查一下。

Hěn bàoqiàn.
4. 很抱歉。

Qǐng chūshì nín de hùzhào.
5. 请出示您的护照。

四、选词填空 Choose the words to fill in the blanks.

qǔxiāo	xūyào	dìng	cóng	yǐjīng	dào	suǒyǒu	chūshì	rúguǒ
取消	需要	订	从	已经	到	所有	出示	如果

Wǒ xiǎng ________ yì zhāng ________ Běijīng ________ Niǔyuē de jīpiào.
1. 我想 ________ 一张 ________ 北京 ________ 纽约的机票。

Fēijī qǐfēi le， míngtiān jiù kěyǐ dàodá mùdìdì.
2. 飞机 ________ 起飞了，明天就可以到达目的地。

Nín hǎo! Wǒ xiǎng wǒ yùdìng de jīpiào.
3. 您好！我想 ________ 我预订的机票。

Fēiwǎng Běijīng de jīpiào dōu màiwán le.
4. 飞往北京的 ________ 机票都卖完了。

Nín hǎo! Qǐngwèn，nín yǒu shénme
5. 您好！请问，您有什么 ________？

yǒu xīn de qíngkuàng，wǒmen huì gēn nín liánxì.
6. ________ 有新的情况，我们会跟您联系。

Qǐng nín de hùzhào.
7. 请 ________ 您的护照。

五、完成句子 Complete the sentences.

Qǐngwèn，nín yǒu xūyào?
1. 请问，您有 ________ 需要？

Qǐngwèn，nín yào tiān de?
2. 请问，您要 ________ 天的？

Nín wǒ chá yíxià.
3. 您 ________，我查一下。

Nín kěyǐ liúxià nín de
4. 您可以留下您的 ________。

Qǐng chūshì
5. 请出示 ________。

六、组成句子 Unscramble the sentences.

jīpiào wǒ dìng xiǎng cóng……dào…… Niǔyuē Běijīng
1. 机票 我 订 想 从……到…… 纽约 北京

de　　yì zhāng
的　　一张

____

2. 下个（xià ge）　星期五（xīngqīwǔ）　了（le）　飞往（fēiwǎng）　的（de）　所有（suǒyǒu）　航班（hángbān）　已经（yǐjīng）　北京（Běijīng）　预订（yùdìng）　满（mǎn）

____

3. 留下（liúxià）　您（nín）　您的（nín de）　联系方式（liánxì fāngshì）　可以（kěyǐ）

____

4. 有人（yǒu rén）　联系（liánxì）　订票（dìng piào）　如果（rúguǒ）　我们（wǒmen）　会（huì）　跟（gēn）　您（nín）　取消（qǔxiāo）

____

5. 护照（hùzhào）　出示（chūshì）　您（nín）　的（de）　请（qǐng）

____

七、情景会话 Situational dialogue

一个学生扮演航空公司职员，另一个学生扮演乘客，表演用汉语订票。

One student plays the part of an airline staff member, and the other student plays the part of a passenger. Perform the scene of booking tickets in Chinese.

补充词语 Supplementary Words

1. 头等舱　tóuděngcāng　（名）　first-class cabin
2. 公务舱　gōngwùcāng　（名）　business class
3. 单程票　dānchéngpiào　（名）　single ticket

4.	往返票	wǎngfǎnpiào	（名）	round-trip ticket
5.	打折	dǎ//zhé	（动）	to discount
6.	半价	bànjià	（名）	half price
7.	全价	quánjià	（名）	full price
8.	免票	miǎn//piào	（动）	free ticket

你知道吗？Do you know it?

中国人的姓氏

“请问您贵姓？”姓氏不仅是中国人初次见面时必问的问题，其中蕴藏的文化内涵也不一般。

中国人的名字分姓和名两部分，姓在前，名在后。姓多为一个汉字，少数为两个汉字（称为复姓，如“欧阳（Ōuyáng）”“司马（Sīmǎ）”“诸葛（Zhūgě）”等）。名有一个汉字的，也有两个汉字的。

在中国人看来，姓氏是祖宗所赐，是一个人尊严的表现，尊重姓氏便是尊重祖宗和自己。因此，对于一个家族来说，姓氏就是凝聚族人的最重要的力量。寻根溯源，中国人很多姓氏的根都可以上溯到人文始祖黄帝与炎帝，因此中国人都称自己是“炎黄子孙”。

最新调查结果表明，在调查的4100个姓氏中，位列前三位的是“李”（Lǐ）、“王”（Wáng）、“张”（Zhāng），分别占中国总人口的7.9%、7.4%和7.1%，三大姓氏总人口加起来约有2.7亿人。占中国总人口1%以上的姓氏有19个，分别为：李（Lǐ）、王（Wáng）、张（Zhāng）、刘（Liú）、陈（Chén）、杨（Yáng）、赵（Zhào）、黄（Huáng）、周（Zhōu）、吴（Wú）、徐（Xú）、孙（Sūn）、胡（Hú）、朱（Zhū）、高（Gāo）、林（Lín）、何（Hé）、郭（Guō）、马（Mǎ）。

Chinese Surnames

“May I have your surname please?” — Such question is always asked when Chinese people meet for the first time, and the cultural connotation contained in this question is quite special.

A Chinese name consists of two parts: the surname, which always comes first, and the given name, which comes second. Surnames are usually of one Chinese character, but there are also a small number of surnames which are made up of two Chinese characters and are called compound surnames, such as Ouyang, Sima and Zhuge. Given names can be of one Chinese character or two Chinese characters.

For Chinese people, one's surname, given by the ancestors, symbolizes one's dignity, and to respect one's surname is to respect one's ancestors and oneself. Therefore, for a clan, its surname is the most powerful force that unites the clansmen. Traced to the source, the origins of many surnames can be dated back to the Yellow Emperor and the Yan Emperor, so Chinese people call themselves descendants of Yan and Yellow Emperors.

According to a latest survey, Li, Wang and Zhang rank the top three among the 4,100 surnames investigated, respectively accounting for 7.9%, 7.4% and 7.1% of the total population of China. There are about 0.27 billion people with these three surnames. There are 19 surnames accounting for above 1% of China's total population respectively, which are Li, Wang, Zhang, Liu, Chen, Yang, Zhao, Huang, Zhou, Wu, Xu, Sun, Hu, Zhu, Gao, Lin, He, Guo and Ma.

你知道这些人的名字吗？

Do you know their surnames and given names?

张艺谋	Zhāng Yìmóu
姚　明	Yáo Míng
杨利伟	Yáng Lìwěi
李宇春	Lǐ Yǔchūn
刘德华	Liú Déhuá
赵本山	Zhào Běnshān
马　云	Mǎ Yún
周杰伦	Zhōu Jiélún
范冰冰	Fàn Bīngbīng
章子怡	Zhāng Zǐyí

2 Nín Dìng de Shì Tèjiàpiào
您订的是特价票
You've Booked a Ticket at a Special Rate

Tuì huàn piào
退换票
Returning and changing tickets

02

• 重点句 •
Key Sentences

Tèjià jīpiào bù néng gǎiqiān.
1. 特价机票不能改签。
Tickets at a special rate can't be changed.

Wǒ xiǎng gǎidào èrshíwǔ hào.
2. 我想改到25号。
I'd like to change this ticket to 25th.

Biéde shíjiān kěyǐ ma?
3. 别的时间可以吗?
Do you want to change it to another date?

Nín xūyào fù bǎi fēnzhī shí de shǒuxùfèi.
4. 您需要付10%的手续费。
You need to pay a 10% handling charge.

课文 → Texts

（一）

一位乘客正在售票处退票。

A passenger is returning a ticket at the ticket office.

Xiàwǔ hǎo! Qǐngwèn, nín yǒu shénme xūyào?
工作人员：下午好！请问，您有什么需要？

Wǒ xiǎng tuì piào. Wǒ de míngzi shì Zhāng Qiáng,
乘　　客：我想退票。我的名字是张强，

hángbānhào shì C líng líng bā jiǔ.
航班号是 C 0089。

Qǐng shāo děng, wǒ chá yíxià. Xiānsheng,
工作人员： 请稍等，我查一下。（过了一会儿 After a while）先生，

duìbuqǐ, nín dìng de shì tèjià piào, bù néng tuì.
对不起，您订的是特价票，不能退。

Nà néng bu néng gǎiqiān?
乘　　客： 那能不能改签？

Hěn bàoqiàn, yě bù néng gǎiqiān.
工作人员： 很抱歉，也不能改签。

（二）

一位乘客在售票处换票。

A passenger is changing a ticket at the ticket office.

Nín hǎo! Nín yǒu shénme xūyào?
工作人员： 您好！您有什么需要？

Wǒ mǎile yì zhāng wǔyuè shíbā hào Niǔyuē dào Běijīng de jīpiào, wǒ xiǎng gǎidào
乘　　客： 我买了一张 5 月 18 号纽约到北京的机票，我想改到

èrshíwǔ hào, kěyǐ ma?
25 号，可以吗？

Qǐng shāo děng, wǒ chá yíxià. Duìbuqǐ,
工作人员： 请稍等，我查一下。（过了一会儿 After a while）对不起，

xiānsheng, èrshíwǔ hào de jīpiào yǐjīng màiwán le. Biéde shíjiān kěyǐ ma?
先生，25 号的机票已经卖完了。别的时间可以吗？

Bù xíng. Nà tuìle ba.
乘　　客： 不行。那退了吧。

Hǎo de. Nín xūyào fù bǎi fēnzhī shí de shǒuxùfèi.
工作人员： 好的。您需要付 10% 的手续费。

Hǎo de.
乘　　客： 好的。

生词 → New Words 

1.	退票	tuì piào		to return a ticket
2.	名字	míngzi	（名）	name
3.	航班号	hángbānhào	（名）	flight number
4.	先生	xiānsheng	（名）	sir
5.	对不起	duìbuqǐ	（动）	to be sorry
6.	特价票	tèjià piào		ticket at a special rate
7.	不	bù	（副）	no, not
8.	能	néng	（能愿）	can
9.	退	tuì	（动）	to return, to refund
10.	那	nà	（连）	then
11.	改签	gǎiqiān	（动）	to change a ticket
12.	也	yě	（副）	also, too
13.	可以	kěyǐ	（能愿）	can, may
14.	卖	mài	（动）	to sell
15.	完	wán	（动）	to finish
16.	别的	biéde	（代）	other, else
17.	时间	shíjiān	（名）	time
18.	行	xíng	（动）	OK
19.	吧	ba	（语气）	*a modal particle*
20.	付	fù	（动）	to pay
21.	手续费	shǒuxùfèi	（名）	handling charge

注释 →Notes

● 我查一下。

一下 表示动作经历的时间短，或表示轻松随意。例如：

“一下” indicates that the duration of an action is quite short or the action is very casual. For example,

① 请等一下。 Qǐng děng yíxià.

② 请坐一下。 Qǐng zuò yíxià.

③ 请帮我拿一下。 Qǐng bāng wǒ ná yíxià.

④ 看一下报纸。 Kàn yíxià bàozhǐ.

● 那退了吧。

那 表示顺着上文的语义，说明应有的结果或者自己提出的问题或假设。例如：

“那”, based on the previous context, indicates a due result or a question or hypothesis brought up by oneself. For example,

① A：明天的机票已经没有了。 Míngtiān de jīpiào yǐjīng méiyǒu le.

B：那后天的呢？ Nà hòutiān de ne?

② A：我的行李里有酒。 Wǒ de xíngli li yǒu jiǔ.

B：那需要托运。 Nà xūyào tuōyùn.

● 那退了吧。

吧 用在句尾，表示商量、提议、请求、同意等。例如：

“吧” is used at the end of a sentence to express discussion, suggestion, request and agreement, etc. For example,

① A：9点的机票没有了。 Jiǔ diǎn de jīpiào méiyǒu le.

B：那我要10点的吧。 Nà wǒ yào shí diǎn de ba.

② 我们去托运行李吧。 Wǒmen qù tuōyùn xíngli ba.

③ 我们走吧。 Wǒmen zǒu ba.

语法 → Grammar

● 那能不能改签？

正反疑问句　把谓语主要成分的肯定式和否定式并列起来提问就是正反疑问句。例如：

Affirmative-negative questions: An affirmative-negative question is formed by putting the affirmative and negative forms of the predicate verb side by side. For example,

① 你是不是中国人？　Nǐ shì bu shì Zhōngguórén?

② 你要不要咖啡？　Nǐ yào bu yào kāfēi?

③ 有没有下午的票？　Yǒu méiyǒu xiàwǔ de piào?

④ 别的时间行不行？　Biéde shíjiān xíng bu xíng?

注意　用正反疑问句时，句尾不能用“吗”。

Attention: “吗” can't be used at the end of an affirmative-negative question.

● 我买了一张 5 月 18 号纽约到北京的机票。

动词 + “了”　表示动作完成。例如：

Verb + “了”: It indicates the completion of an action. For example,

① 我带了一件行李。　Wǒ dàile yí jiàn xíngli.

② 他要了一杯咖啡。　Tā yàole yì bēi kāfēi.

练习 → Exercises

一、跟读音节　Read the syllables after the recording. 

bā	pái	mǎn	fàng
duō	tián	něi	lòu
guā	kuí	huǎn	jià
qiē	xué	zěn	cì
sāo	zhé	chǔn	shuài
qiān	yíng	wǔ	èr

二、跟读词语，注意声调

Read the words and expressions after the recording, and pay attention to the tones.

xiàwǔ hǎo 下午好	tuì piào 退票	hángbān hào 航班号	duìbuqǐ 对不起	tèjià piào 特价票
bù néng tuì 不能退	néng bu néng 能不能	gǎiqiān 改签	kěyǐ ma 可以吗	màiwán le 卖完了
biéde shíjiān 别的时间	fù bǎi fēnzhī shí de shǒuxùfèi 付 10% 的手续费			

三、跟读句子，注意语音语调

Read the sentences after the recording, and pay attention to the pronunciation and intonation.

Wǒ xiǎng tuì piào. Wǒ de míngzi shì Zhāng Qiáng, hángbānhào shì C líng líng bā jiǔ.
1. 我想退票。我的名字是张强，航班号是 C 0089。

Nín dìng de shì tèjià piào, bù néng tuì.
2. 您订的是特价票，不能退。

Néng bu néng gǎiqiān?
3. 能不能改签？

Wǒ xiǎng gǎidào èrshíwǔ hào, kěyǐ ma?
4. 我 想改到 25 号，可以吗？

Èrshíwǔ hào de jīpiào yǐjīng màiwán le. Biéde shíjiān kěyǐ ma?
5. 25 号的机票已经卖完了。别的时间可以吗？

Nín xūyào fù bǎi fēnzhī shí de shǒuxùfèi.
6. 您需要付 10% 的手续费。

四、连线，组成对话 Match the sentences in the two columns to make dialogues.

Wǒ yào yì zhāng shíyuè èr hào cóng Niǔyuē dào Běijīng de jīpiào. 1. A：我要一张 10 月 2 号从纽约到北京的机票。	Yǒu, shí'èr diǎn shíwǔ de hé shíwǔ diǎn wǔshí de. 7. B：有，12: 15 的和 15: 50 的。
	Liùbǎi měiyuán. 8. B：600 美元。
Qǐngwèn, nín yǒu shénme xūyào? 2. A：请问，您有什么需要？	Wǒ xiǎng dìng yì zhāng cóng Běijīng dào Niǔyuē de jīpiào. 9. B：我想订一张从北京到纽约的机票。
Qǐng chūshì nín de hùzhào. 3. A：请出示您的护照。	
Yǒu zhídá de fēijī ma? 4. A：有直达的飞机吗？	Nín shāo děng, wǒ chá yíxià. 10. B：您稍等，我查一下。
Jīngjìcāng duōshao qián? 5. A：经济舱多少钱？	Wǒ yào shíyuè èr hào de. 11. B：我要 10 月 2 号的。
Nín yào nǎ tiān de jīpiào? 6. A：您要哪天的机票？	Gěi nín. 12. B：给您。

五、完成句子 Complete the sentences.

Nín dìng de shì ______, bù néng ______.
1. 您订的是 ______，不能 ______。

Wǒ xiǎng ______ èrshíwǔ hào, kěyǐ ma?
2. 我想 ______ 25 号，可以吗？

Nín ______, wǒ chá yíxià.
3. 您 ______，我查一下。

______ shíjiān kěyǐ ma?
4. ______ 时间可以吗？

Nín xūyào fù ______.
5. 您需要付 ______。

六、根据实际情境，用括号里的词回答问题

Answer the questions with the words in the brackets according to the actual situations.

1. 航空公司的工作人员接到订票电话时首先说什么？

   What will an airline staff member say when he/she receives a call to book a ticket?

   ______________________________（需要 xūyào）

2. 航空公司的工作人员怎么问乘客预订的机票的时间？

   How does the airline staff member ask the caller the time of the ticket he/she wants?

   ______________________________（哪 nǎ）

3. 了解乘客预订机票的具体要求后，工作人员该说什么？

   Having known the specific requirements of the caller, what should the staff member say?

   ______________________________（稍等 shāo děng　查 chá）

4. 如果乘客预订的机票已经卖完了，工作人员该说什么？

   If the tickets for the specific flight are sold out, what should the staff member say?

   ____

   （所有 suǒyǒu　满 mǎn　留下 liúxià　如果 rúguǒ　取消 qǔxiāo　联系 liánxì）

5. 乘客付钱买票时，工作人员应该要求看什么？怎么对乘客说？

   When someone is paying for a ticket, what should the staff member ask to check? What will the staff member say?

   ______________________________（出示 chūshì）

七、情景会话 Situational dialogue

一个学生扮演航空公司职员，另一个学生扮演乘客，用汉语表演退票。

One student plays the part of an airline staff member, and the other student plays the part of a passenger. Perform the scene of returning tickets in Chinese.

你知道吗？ Do you know it?

中国的十二生肖

中国用十二种动物来记人的生年，叫十二生肖，即：鼠、牛、虎、兔、龙、蛇、马、羊、猴、鸡、狗、猪。中国人询问年龄时，常问“您属什么（的）?”，回答是“我属……（的）”。

十二生肖为什么按照这种顺序排列呢？民间故事说，当年轩辕黄帝要选十二个动物担任宫廷卫士，猫托老鼠报名，老鼠给忘了，结果猫没有被选上，从此与鼠结了仇。大象也来参赛，被老鼠钻进鼻子，给赶跑了。其余的动物，原本推牛为首，老鼠却蹿到牛背上，猪也跟着起哄，于是老鼠排第一，猪排最后。虎和龙不服，于是分别被封为山中之王和海中之王，排在鼠和牛的后面。兔子也不服，和龙赛跑，结果排在了龙的前面。狗气不平，一气之下咬伤了兔子，为此被罚，排在了倒数第二。蛇、马、羊、猴、鸡也经过一番较量，一一排定了位置。最后形成了鼠、牛、虎、兔、龙、蛇、马、羊、猴、鸡、狗、猪的顺序。

Chinese Zodiac

In China, 12 animals, known as zodiac animals, are used to record people's birth years. They are successively mouse, ox, tiger, rabbit, dragon, snake, horse, goat, monkey, rooster, dog and pig. When Chinese people ask about one's age, they usually say “What's your birth year?” , and the reply is “I was born in the year of... (one of the 12 animals)” .

Why are the animals ordered in this way? A folktale says that once the Yellow Emperor wanted to choose 12 animals to be palace guards. The cat entrusted the mouse to sign up for it, but the mouse forgot to do it, so the cat failed to be picked. From then on, the two became sworn enemies. The elephant went for competition, yet it was driven off by the mouse, which drilled into its trunk. Other animals recommended the ox to be the leading guard; however, the mouse climbed up to the back of the ox and the pig kicked up a fuss too. Eventually, the mouse ranked number one and the pig number twelve. The tiger and the dragon were not convinced, so they were appointed respectively as the king of forests and the king of seas ranking right behind the mouse and the ox. The rabbit wasn't convinced either, and it raced with the dragon and won. So the rabbit ranked in front of the dragon. The dog bit the rabbit out of jealousy and was punished to rank number two from the last. Other animals such as the snake, the horse, the goat, the monkey and the rooster decided their ranks through competitions. That's the origin of the zodiac order.

十二生肖歌
A Song of Chinese Zodiac

Zǐ shǔ chǒu niú, yín hǔ mǎo tù.
子鼠丑牛，寅虎卯兔。

Chén lóng sì shé, wǔ mǎ wèi yáng.
辰龙巳蛇，午马未羊。

Shēn hóu yǒu jī, xū gǒu hài zhū.
申猴酉鸡，戌狗亥猪。

Nín de Xíngli Chāozhòng le

您的行李超重了

Your Baggage Is Overweight 03

Zài zhíjī guìtái
在值机柜台
At the check-in counter

• 重点句 • Key Sentences

C líng líng bā jiǔ cì hángbān shì zài zhèr bànlǐ dēng jī shǒuxù ma?
1. C 0089 次航班是在这儿办理登机手续吗?
Is this the check-in counter for Flight C0089?

Nín yǒu yào tuōyùn de xíngli ma?
2. 您有要托运的行李吗?
Do you have any baggage to consign?

Wǒ xiǎng yào yí ge kào chuāng de zuòwèi.
3. 我想要一个靠窗的座位。
I'd like a seat by the window.

Qǐng nín bǎ yào tuōyùn de xíngli fàngdào chuánsòngdài shang.
4. 请您把要托运的行李放到传送带上。
Please put your baggage to consign on the conveyor.

课文 → Texts

(一)

一位乘客在值机柜台办理登机手续。

A passenger is checking in at the check-in counter.

Nín hǎo!
工作人员： 您好！

Nín hǎo! Qù Běijīng de C líng líng bā jiǔ
乘　　客： 您好！去北京的 C 0089

cì hángbān shì zài zhèr bànlǐ dēng jī
次航班是在这儿办理登机

shǒuxù ma?
手续吗？

Shì de. Qǐng chūshì nín de jīiào hé hùzhào.
工作人员： 是的。请出示您的机票和护照。

Gěi nín.
乘　　客： 给您。

Nín yǒu yào tuōyùn de xíngli ma?
工作人员： 您有要托运的行李吗？

Méiyǒu. Wǒ xiǎng yào yí ge kào chuāng de zuòwèi, kěyǐ ma?
乘　　客： 没有。我想要一个靠窗的座位，可以吗？

Hǎo de. Gěi nín dēngjīpái, qǐng shōuhǎo.
工作人员： 好的。给您登机牌，请收好。

Xièxie.
乘　　客： 谢谢。

（二）

一位乘客正在值机柜台托运行李。

A passenger is consigning his baggage at the check-in counter.

Qǐng nín bǎ yào tuōyùn de xíngli
工作人员： 请您把要托运的行李

fàngdào chuánsòngdài shang.
放到传送带上。

Hǎo de.
乘　　客： 好的。

Duìbuqǐ, xiānsheng, nín de xíngli chāozhòng le, xūyào jiāo wǔshí měiyuán
工作人员： 对不起，先生，您的行李超重了，需要交 50 美元

de chāozhòng xíngli fèi.
的超重行李费。

Xíng.
乘　　客： 行。（乘客举起另一件行李 The passenger is lifting another piece of baggage）请问，这件可以带上飞机吗？
Qǐngwèn, zhè jiàn kěyǐ dàishang fēijī ma?

Kěyǐ.　Gěi nín dēngjīpái hé xínglipiào,　qǐng shōuhǎo.
工作人员： 可以。给您登机牌和行李票，请收好。

生词 → New Words 

1.	办理	bànlǐ	（动）	to handle, to conduct
2.	登机	dēng jī		to board an airplane
3.	手续	shǒuxù	（名）	procedure
4.	托运	tuōyùn	（动）	to consign
5.	行李	xíngli	（名）	baggage
6.	靠	kào	（动）	to be next to
7.	窗	chuāng	（名）	window
8.	座位	zuòwèi	（名）	seat
9.	登机牌	dēngjīpái	（名）	boarding pass
10.	收	shōu	（动）	to keep, to put in proper place
11.	传送带	chuánsòngdài	（名）	conveyor
12.	超重	chāo//zhòng	（动）	overweight
13.	交	jiāo	（动）	to pay
14.	费	fèi	（名）	fee, charge
15.	带	dài	（动）	to carry, to bring
16.	行李票	xínglipiào	（名）	baggage check

注释 → Notes

● 请收好。

动词＋“好” 表示动作完成并令人满意。例如：

Verb+ “好”：It indicates an action has been finished satisfactorily. For example,

① 请您拿好护照。 Qǐng nín náhǎo hùzhào.

② 请您在座位上坐好。 Qǐng nín zài zuòwèi shang zuòhǎo.

③ 他已经准备好登机牌。 Tā yǐjīng zhǔnbèi hǎo dēngjīpái.

语法 → Grammar

● 请您把要托运的行李放到传送带上。

“把”字句 The “把”-sentence

“把”字句常用来表达通过动作使某个确定的事物（“把”的宾语）发生某种变化或产生某种结果。这种变化和结果一般是位置的移动、从属关系的转移或形态的变化。

A “把”-sentence indicates that the object of the sentence changes or some consequence arises as the result of an action. Such change or consequence includes the change of location, transference of subordinate relation or transformation of form.

“把”字句的结构是：Structure of the “把”-sentence:

（主语＋）“把”＋宾语＋动词＋其他成分

(subject+) “把” + object + verb + other elements

例如：For example,

① 我把护照交给机场工作人员了。 Wǒ bǎ hùzhào jiāogěi jīchǎng gōngzuò rényuán le.

② 空姐把杯子收走了。 Kōngjiě bǎ bēizi shōuzǒu le.

③ 请把登机牌和护照收好。 Qǐng bǎ dēngjīpái hé hùzhào shōuhǎo.

否定副词“没（有）”“不”“别”应放在“把”的前边。例如：

A negative adverb like “没（有）”，“不”，or “别” is used before “把”. For example,

① 别把小桌板放下来。 Bié bǎ xiǎo zhuōbǎn fàng xialai.

② 我没把药放在行李箱里。 Wǒ méi bǎ yào fàng zài xínglixiāng li.

练习 Exercises

一、跟读音节 Read the syllables after the recording.

biān	pán	mǎo	fèi
dōng	tái	nuǎn	lèng
guāi	ké	huǐ	jiàng
quē	xiá	zuǒ	còu
sēn	zhá	chǐ	shàng
yīng	wéi	rǔ	yùn

二、跟读词语，注意声调

Read the words and expressions after the recording, and pay attention to the tones.

bànlǐ dēng jī shǒuxù 办理登机手续	tuōyùn xíngli 托运行李	kào chuāng de zuòwèi 靠窗的座位
qǐng shōuhǎo 请收好	fàngdào chuánsòngdài shang 放到传送带上	xíngli chāozhòng 行李超重
jiāo fèi 交费	dēngjīpái 登机牌	xínglipiào 行李票

三、跟读句子，注意语音语调

Read the sentences after the recording, and pay attention to the pronunciation and intonation.

Qù Běijīng de C líng líng bā jiǔ cì hángbān shì zài zhèr bànlǐ dēngjī shǒuxù ma?
1. 去北京的 C 0089 次航班是在这儿办理登机手续吗？

Qǐng chūshì nín de jīpiào hé hùzhào.
2. 请出示您的机票和护照。

Nín yǒu yào tuōyùn de xíngli ma?
3. 您有要托运的行李吗？

Wǒ xiǎng yào yí ge kào chuāng de zuòwèi.
4. 我想要一个靠窗的座位。

Gěi nín dēngjīpái hé xínglipiào, qǐng shōuhǎo.
5. 给您登机牌和行李票，请收好。

Nín de xíngli chāozhòng le, xūyào jiāo wǔshí měiyuán de chāozhòng xínglifèi.
6. 您的行李超重了，需要交 50 美元的超重行李费。

Qǐngwèn, zhè jiàn xíngli kěyǐ dàishang fēijī ma?
7. 请问，这件行李可以带上飞机吗？

四、选词填空 Choose the words to fill in the blanks.

tuì 退	shǒuxùfèi 手续费	ba 吧	biéde 别的	fù 付	gǎiqiān 改签	nà 那

Tèjià jīpiào bù néng ________, yě bù néng ________.
1. 特价机票不能 ________，也不能________。

Èrshíwǔ hào de jīpiào yǐjīng màiwán le, ________ shíjiān kěyǐ ma?
2. 25 号的机票已经卖完了，________ 时间 可以吗？

Tuì piào yào ________ bǎi fēnzhī shí de ________.
3. 退票要 ________ 10% 的________ 。

Shíwǔ hào de piào màiwán le, ________ mǎi shíliù hào de piào ________.
4. 15 号的票卖完了，________ 买 16 号的 票________。

五、完成句子 Complete the sentences.

C líng líng bā jiǔ cì hángbān shì zài zhèr ________ ma?
1. C 0089 次航班是在这儿 ________ 吗？

Nín yǒu yào ________ de xíngli ma?
2. 您有要 ________ 的行李吗？

Wǒ xiǎng yào yí ge ________ de zuòwèi.
3. 我想要一个 ________ 的座位。

Nín de xíngli ________ le, xūyào jiāo ________ fèi.
4. 您的行李 ________ 了，需要交 ________ 费。

Nín xūyào fù

5. 您需要付 ____________。

Qǐngwèn, zhè jiàn xíngli kěyǐ ____________ ma?

6. 请问，这件行李可以 ____________ 吗？

六、组成句子 Unscramble the sentences.

tèjiàpiào tuì dìng nín de shì bù néng duìbuqǐ

1. 特价票 退 订 您 的 是 不能 对不起

____

gǎiqiān néng nà bù néng

2. 改签 能 那 不能

____

kěyǐ xiǎng wǒ gǎidào ma èrshíwǔ hào

3. 可以 想 我 改到 吗 25号

____

èrshíwǔ hào de ma jīpiào shíjiān yǐjīng le biéde kěyǐ màiwán

4. 25号 的 吗 机票 时间 已经 了 别的 可以 卖完

____

shǒuxùfèi nín fù de xūyào bǎi fēnzhī shí

5. 手续费 您 付 的 需要 10%

____

七、情景会话 Situational dialogue

一个学生扮演航空公司职员，另一个学生扮演乘客，用汉语表演办理乘机手续。

One student plays the part of an airline staff member, and the other student plays the part of a passenger. Perform the scene of checking in at the check-in counter in Chinese.

补充词语 Supplementary Words

1. 过道	guòdào	（名）	aisle
2. 旅行袋	lǚxíngdài	（名）	traveling bag
3. 旅行箱	lǚxíngxiāng	（名）	suitcase
4. 手提包	shǒutíbāo	（名）	handbag
5. 随身行李	suíshēn xíngli		carry-on baggage

你知道吗？ Do you know it?

中国的计量单位

中国传统的计量单位中，最常用的长度单位为“里（lǐ）”“丈（zhàng）”“尺（chǐ）”“寸（cùn）”，重量单位为“担（dàn）”“斤（jīn）”“两（liǎng）”“钱（qián）”等，这些传统的计量单位和国际上通用的公制计量单位大部分有简单的换算关系。

在近代的计量使用中，由于人们早已习惯了这些常用的计量单位，所以传统的计量单位和国际上通用的公制计量单位大部分混合使用，如长度单位用“公里（gōnglǐ）”“里”“米（mǐ）”“尺（chǐ）”“寸（cùn）”“厘米（límǐ）”“毫米”（háomǐ）等，重量单位用“吨（dūn）”“公斤（gōngjīn）”“斤”“两（liǎng）”“克（kè）”等。它们的换算关系如下：

1 公里 =1000 米≈ 0.62 英里

1 里 =500 米

1 米 =3 尺≈ 3.28 英尺

1 尺 =10 寸

1 米 =100 厘米

1 厘米≈ 0.39 英寸

1 吨 =1000 公斤

1 公斤 =2 斤≈ 2.2 磅

1 斤 =500 克

1 斤 =10 两

1 两 =50 克

Units of Measurement in China

Among the Chinese traditional units of measurement, the commonest units of length include *li*, *zhang*, *chi* and *cun*, and those of weight include *dan*, *jin*, *liang* and *qian*, etc. There are simple conversion relations between most of these traditional units of measurement and the international metric units.

In modern times, as people are familiar with these common units of measurement, traditional units of measurement and the international metric units are used in a mixed way most of the time. For instance, units of length such as kilometer, *li*, meter, *chi*, *cun*, centimeter and millimeter are used and units of weight such as ton, kilogram, *jin*, *liang*, and gram are used. The conversion formulas are as follows.

1 kilometer = 1000 meters ≈ 0.62 mile

1 *li* = 500 meters

1 meter = 3 *chi* ≈ 3.28 feet

1 *chi* = 10 *cun*

1 meter = 100 centimeters

1 centimeter ≈ 0.39 inch

1 ton = 1000 kilograms

1 kilogram = 2 *jin* ≈ 2.2 pounds

1 *jin* = 500 grams

1 *jin* = 10 *liang*

1 *liang* = 50 grams

Wàibì Duìhuànchù Zài Nǎr

4 外币兑换处在哪儿

Where Is the Foreign Exchange Counter

Huòbì duìhuàn
货币兑换
Currency exchange

04

重点句 Key Sentences

Nín cóng zhèr yìzhí wǎng qián zǒu.
1. 您从这儿一直往前走。
Please go straight ahead from here.

Duìhuànchù zài wèishēngjiān pángbiān.
2. 兑换处在卫生间旁边。
The exchange counter is next to the restroom.

Wǒ xiǎng bǎ rénmínbì huànchéng měiyuán.
3. 我想把人民币换成美元。
I want to exchange Renminbi into US dollars.

Zhè shì nín de qián, qǐng shǔ yíxià.
4. 这是您的钱，请数一下。
Here is your cash. Please count it.

课文 Texts

（一）

一位乘客正在问讯处询问外币兑换处在哪儿。

A passenger is asking for the location of the foreign exchange counter at the information desk.

Nín hǎo! Qǐngwèn, wàibì duìhuànchù zài nǎr?
乘　客： 您好！请问，外币兑换处在哪儿？

Zài nàbian. Nín cóng zhèr yìzhí wǎng qián zǒu, dào Kěndéjī nàr wǎng zuǒ guǎi, duìhuànchù zài wèishēngjiān pángbiān.
工作人员： 在那边。您从这儿一直往前走，到肯德基那儿往左拐，兑换处在卫生间旁边。

Lí zhèr yǒu duō yuǎn?
乘　客： 离这儿有多远？

Cóng zhèr dào nàr dàgài yǒu wǔ-liùshí mǐ.
工作人员： 从这儿到那儿大概有五六十米。

Hǎo de, xièxie!
乘　客： 好的，谢谢！

Bú kèqi!
工作人员： 不客气！

（二）

在机场的外币兑换处。

At the foreign exchange counter in the airport.

Nín hǎo! Nín yǒu shénme xūyào?
工作人员： 您好！您有什么需要？

Wǒ xiǎng bǎ rénmínbì huànchéng měiyuán.
乘　客： 我想把人民币换成美元。

Jīntiān de huìlǜ shì liù diǎn bā èr. Nín xiǎng huàn duōshao?
工作人员： 今天的汇率是6.82。您想换多少？

Wǔbǎi měiyuán. Wǒ yào xiǎo miàn'é de.
乘　客： 500美元。我要小面额的。

Hǎo de， wǒ xūyào kàn yíxià nín de hùzhào.
工作人员：好的，我需要看一下您的护照。

Gěi nín.
乘　　客：给您。

Xièxie. Zhè shì nín de qián，qǐng shǔ yíxià.
工作人员：谢谢。……这是您的钱，请数一下。

Duì. Xièxie.
乘　　客：对。谢谢。

生词 → New Words 

1.	外币	wàibì	（名）	foreign currency
2.	兑换处	duìhuànchù	（名）	exchange counter
3.	一直	yìzhí	（副）	straight
4.	往	wǎng	（介）	to, towards
5.	拐	guǎi	（动）	to turn
6.	卫生间	wèishēngjiān	（名）	restroom
7.	旁边	pángbiān	（名）	side
8.	离	lí	（动）	to be away from
9.	远	yuǎn	（形）	far
10.	大概	dàgài	（副）	about
11.	成	chéng	（动）	to become
12.	汇率	huìlǜ	（名）	exchange rate
13.	面额	miàn'é	（名）	face value
14.	数	shǔ	（动）	to count

专有名词　Proper Noun

肯德基	Kěndéjī	KFC

注释 → Notes

● 大概有五六十米。

概数的表达 汉语用相邻两个数字连用表示概数。注意，表概数时，“九”和“十”不能连用。例如：

Expressions of Approximate Numbers: In Chinese, an approximate number is usually expressed by using two neighboring numbers. However, “九” and “十” can't be collocated to indicate an approximate number. For example,

三四件行李	二三十公斤	八九点
sān-sì jiàn xíngli	èr-sānshí gōngjīn	bā-jiǔ diǎn

● 离这儿有多远？

“多”+形容词（大/高/远/重/长） 询问年龄或面积、高度、距离、重量、长度等。例如：

“多” + Adjective (old/large/high/far/heavy/long): It is used to ask for age or area, height, distance, weight and length, etc. For example,

① A：从这儿到那儿有多远？ Cóng zhèr dào nàr yǒu duō yuǎn?

B：大概 50 米。 Dàgài wǔshí mǐ.

② A：你的行李有多重？ Nǐ de xíngli yǒu duō zhòng?

B：20 公斤。 Èrshí gōngjīn.

语法 → Grammar

● 兑换处在卫生间旁边。

在 表示人或事物的方位和处所。

在 indicates the direction or location of a person or object.

名词（人/事物）+ “在” + 方位词/处所词 noun (person/object) + “在” +word of direction/location			
他	在	外边。	Tā zài wàibian.
肯德基	在	楼上。	Kěndéjī zài lóushàng.

● 兑换处在卫生间旁边。

方位词 表示方向位置的词。

Words of direction or locality: Words indicating directions and locations

	前 front	后 behind	左 left	右 right	里 inside	外 outside	上 on	下 under	旁 next to
～边	前边 qiánbian	后边 hòubian	左边 zuǒbian	右边 yòubian	里边 lǐbian	外边 wàibian	上边 shàngbian	下边 xiàbian	旁边 pángbiān

此外还有“中间”“对面”。例如：

More: middle, opposite. For example,

① 卫生间在兑换处左边。

Wèishēngjiān zài duìhuànchù zuǒbian.

② 肯德基前边是星巴克。

Kěndéjī qiánbian shì Xīngbākè.

● 您从这儿一直往前走，到肯德基那儿往左拐。/ 离这儿有多远？

“离”“从”“往”都可以和处所词

一起放在动词或形容词前边，表示动作的处所、起点和方向。

“离”, “从” or “往” can be used together with a word of location in front of a verb or adjective to indicate the location, starting point and direction of an action.

表示处所： “离”＋方位词 / 代词 / 处所词

Indicating the location: 离 + word of direction/pronoun/word of location

① 肯德基离这儿大概 30 米。 Kěndéjī lí zhèr dàgài sānshí mǐ.

② 我离他很近。 Wǒ lí tā hěn jìn.

表示起点： “从”＋方位词 / 处所词 / 时间词

Indicating the starting point: 从 + word of direction/location/time

① 请从左边过去。 Qǐng cóng zuǒbian guòqu.

② 他从美国来中国。 Tā cóng Měiguó lái Zhōngguó.

③ 我们从八点半开始办理登机手续。

Wǒmen cóng bā diǎn bàn kāishǐ bànlǐ dēng jī shǒuxù.

表示方向：“往”+方位词/处所词

Indicating the direction: 往 + word of direction/location

① 从这儿往前走。 Cóng zhèr wǎng qián zǒu.

② 往兑换处走就能看见卫生间。 Wǎng duìhuànchù zǒu jiù néng kànjiàn wèishēngjiān.

练习 Exercises

一、跟读音节 Read the syllables after the recording.

bā	pā	mǎ	fǎ
dú	tú	nù	lù
gǔn	kǔn	hǔn	
jiā	qiā	xiā	
zǎo	cǎo	sǎo	
zhèn	chèn	shèn	rèn

二、跟读词语，注意声调

Read the words and expressions after the recording, and pay attention to the tones.

wàibì duìhuànchù 外币兑换处	yìzhí wǎng qián zǒu 一直往前走	wǎng zuǒ guǎi 往左拐
zài wèishēngjiān pángbiān 在卫生间旁边	lí zhèr yǒu duō yuǎn 离这儿有多远	qǐng shǔ yíxià 请数一下
bǎ rénmínbì huànchéng měiyuán 把人民币换成美元	huìlǜ 汇率	xiǎo miàn'é 小面额

三、跟读句子，注意语音语调

Read the sentences after the recording, and pay attention to the pronunciation and intonation.

Qǐngwèn, wàibì duìhuànchù zài nǎr?
1. 请问，外币兑换处在哪儿？

Nín cóng zhèr yìzhí wǎng qián zǒu, dào Kěndéjī nàr wǎng zuǒ guǎi, duìhuànchù zài wèishēngjiān
2. 您从这儿一直往前走，到肯德基那儿往左拐，兑换处在卫生间
pángbiān.
旁边。

Lí zhèr yǒu duō yuǎn?
3. 离这儿有多远？

Cóng zhèr dào nàr dàgài yǒu wǔ-liùshí mǐ.
4. 从这儿到那儿大概有五六十米。

Wǒ xiǎng bǎ rénmínbì huànchéng měiyuán.
5. 我想把人民币换成美元。

Jīntiān de huìlǜ shì liù diǎn bā èr.
6. 今天的汇率是 6.82 。

Nín xiǎng huàn duōshao?
7. 您想换多少？

Wǒ yào xiǎo miàn'é de.
8. 我要小面额的。

Wǒ xūyào kàn yíxià nín de hùzhào.
9. 我需要看一下您的护照。

Zhè shì nín de qián, qǐng shǔ yíxià.
10. 这是您的钱，请数一下。

四、选词填空 Choose the words to fill in the blanks.

bànlǐ 办理	shǒuxù 手续	tuōyùn 托运	kào chuāng 靠窗	chāozhòng 超重	shōu 收	dài 带

Qǐng hǎo nín de dēngjīpái hé hùzhào.
1. 请 ________ 好您的登机牌和护照。

Duìbuqǐ, nín de xíngli le, děi zài jiāo wǔshí měiyuán.
2. 对不起，您的行李 ________ 了，得再交 50 美元。

Qǐngwèn, C líng líng bā jiǔ cì hángbān shì zài zhèr ______ dēng jī ______ ma?
3. 请问，C 0089 次航班是在这儿 ______ 登机 ______ 吗？

Wǒ xiǎng yào yí ge ______ de zuòwèi, kěyǐ ma?
4. 我想要一个 ______ 的座位，可以吗？

Dàjiàn xíngli bù néng ______ shàng fēijī.
5. 大件行李不能 ______ 上飞机。

Qǐng bǎ yào ______ de xíngli fàngdào chuánsòngdài shang.
6. 请把要 ______ 的行李放到传送带上。

五、完成句子 Complete the sentences.

Qǐngwèn, ______ zài nǎr?
1. 请问，______ 在哪儿？

Nín ______ zhèr yìzhí ______ qián zǒu, ______ Kěndéjī nàr
2. 您 ______ 这儿一直 ______ 前走，______ 肯德基那儿

______ zuǒ ______, duìhuànchù ______ wèishēngjiān ______.
______ 左 ______，兑换处 ______ 卫生间 ______。

Duìhuànchù ______ zhèr ______?
3. 兑换处 ______ 这儿 ______？

______ zhèr ______ nàr ______ wǔ-liùshí mǐ.
4. ______ 这儿 ______ 那儿 ______ 五六十米。

Wǒ xiǎng bǎ rénmínbì ______.
5. 我想把人民币 ______。

Jīntiān de ______ shì liù diǎn bā èr.
6. 今天的 ______ 是 6.82。

Zhè shì nín de qián, qǐng ______.
7. 这是您的钱，请 ______。

六、根据实际情境，用括号里的词回答问题

Answer the questions with the words in the brackets according to the actual situations.

1. 办理登机手续时，工作人员要看什么？怎么说？

   What should an airport staff member check when a passenger is checking in? What will the staff member say?

   chūshì

   ______________________________（出示）

2. 乘客想坐在窗边，应该怎么对工作人员说？

   If a passenger wants to sit beside the window, what will he/she say to the staff member?

   kào chuāng

   ______________________________（靠窗）

3. 托运行李时，工作人员怎么告诉乘客行李放在哪儿？

   When a passenger is having his/her baggage checked, how does the staff member tell him/her where to put the baggage?

   bǎ……fàngdào……

   ______________________________（把……放到……）

4. 如果乘客的行李超重了，工作人员应该说什么？

   If a passenger's baggage is overweight, what should the staff member say?

   chāozhòng jiāo fèi

   ______________________________（超重 交费）

5. 办好托运手续后，工作人员对乘客说什么？

   After the baggage is checked in, what will the staff member say to the passenger?

   shōuhǎo

   ______________________________（收好）

七、情景会话 Situational dialogues

1. 一个学生扮演航空公司职员，另一个学生扮演乘客，用汉语表演在问讯处询问想去的地方。

One student plays the part of an airline staff member, and the other student plays the part of a passenger. Perform the scene of asking the location of a place at the information desk in Chinese.

2. 一个学生扮演航空公司职员，另一个学生扮演乘客，用汉语表演在外币兑换处换钱。

One student plays the part of an airline staff member, and the other student plays the part of a passenger. Perform the scene of exchanging money at the currency exchange counter in Chinese.

补充词语 Supplementary Words

1.	大面额	dà miàn'é		large face value
2.	餐厅	cāntīng	（名）	restaurant
3.	麦当劳	Màidāngláo	（专名）	Mcdonald's
4.	必胜客	Bìshèngkè	（专名）	Pizza Hut
5.	星巴克	Xīngbākè	（专名）	Starbucks
6.	贵宾室	guìbīnshì	（名）	VIP room
7.	急救站	jíjiùzhàn	（名）	first-aid station
8.	自动扶梯	zìdòng fútī		escalator
9.	直梯	zhítī	（名）	elevator
10.	离港大厅	lígǎng dàtīng		departure lounge

你知道吗? Do you know it?

人民币

中国的钱币历史悠久，品种纷繁。

夏、商时代，中国出现了最早的货币——贝，所以现在含有“贝”部的汉字大都跟钱有关，如“贵（guì）、贱（jiàn）、财（cái）”等。

春秋战国时期，各地产生了不同的货币。

秦始皇统一中国后，将圆形中间有一方孔的“半两”钱推行全国，成为全国统一的法定铸币形式。此后两千多年至清代，基本上沿袭这种形制，有的还铸上年号。钱因此被戏称为“孔方兄”。

中国现在通用的货币是人民币。人民币在ISO 4217简称为CNY（China Yuan），不过更常用的缩写是RMB（Renminbi）；在数字前一般加上“¥”。

目前市场上流通的人民币包括：1角、2角、5角，1元、2元、5元、10元、20元、50元、100元。硬币有1分、2分、5分、1角、5角和1元。进位制为：1元＝10角＝100分。

人民币部分纸币样张　Samples of Renminbi Paper Money

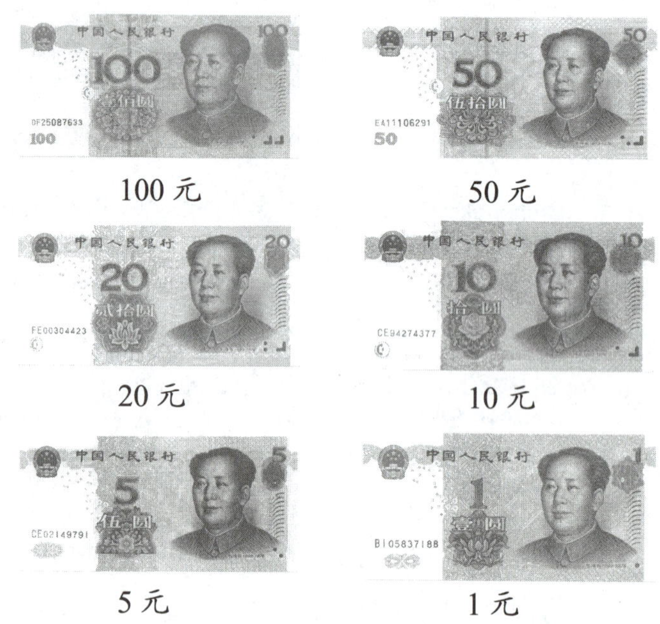

100元　50元　20元　10元　5元　1元

Renminbi

Money is of a long history and various types in China.

Shell (“贝”), which appeared in the Xia and Shang Dynasties, was the earliest form of money in China. That's why most of the Chinese characters with the radical “贝” are involved with money. For example , “贵” (expensive), “贱” (cheap) and “财” (fortune), etc.

During the Spring-and-Autumn Period and the Warring States Period, various forms of money appeared in various places.

After Qin Shihuang the First Emperor united China, he promoted the "half-*liang*", a round coin with a square hole in the middle, to the whole country, which became the official national mintage that had been followed during the subsequent 2,000 years (to the Qing Dynasty). Therefore, some people called money "*Kongfangxiong*" (literally "Brother hole and square") in a joking sense.

The currency used nowadays in China is Renminbi, which is abbreviated as CNY (China Yuan) in ISO 4217, but the most common abbreviation is RMB. The symbol "￥" is normally put in front of the numbers.

At present, the paper money of Renminbi in circulation includes: 1 *jiao*, 2 *jiao*, 5 *jiao*, 1 *yuan*, 2 *yuan*, 5 *yuan*, 10 *yuan*, 20 *yuan*, 50 *yuan* and 100 *yuan*. The coins include 1 *fen*, 2 *fen*, 5 *fen*, 1 *jiao*, 5 *jiao* and 1 *yuan*. The conversion formula between the units is 1 *yuan* = 10 *jiao* = 100 *fen*.

Zhèyàng de Yètǐ Shì Bù Yǔnxǔ Dàishang Fēijī de

这样的液体是不允许带上飞机的

Such Liquid Is Not Allowed on the Plane

Ānquán jiǎnchá
安全检查
Security check

05

• 重点句 •
Key Sentences

Qǐng bǎ shēn shang de jīnshǔ wùpǐn hé kǒudai li de
1. 请把身上的金属物品和口袋里的
dōngxi fàng zài tuōpán li.
东西放在托盘里。
Please put your metal items and things in your pockets onto this tray.

Zhù nín lǚtú yúkuài!
2. 祝您旅途愉快!
Wish you a happy journey!

Qǐng nín zhàn zài zhège táizi shang. Qǐng táiqǐ shǒubì.
3. 请您站在这个台子上。请抬起手臂。
Qǐng zhuǎnshēn.
请转身。
Please stand on this platform. Please raise up your arms. Please turn around.

Gēnjù guīdìng, zhèyàng de yètǐ shì bù yǔnxǔ dàishàng
4. 根据规定，这样的液体是不允许带上
fēijī de.
飞机的。
According to relevant regulations, such liquid is not allowed on the plane.

课文 → Texts

（一）

一位乘客正在通过安全检查，安检人员大声说："各位乘客，请带好您的随身物品，按顺序排好队。请站在黄线后边，谢谢合作。"

A passenger is going through the security check, and one of the security officers is speaking loudly: "Passengers, please take your belongings with you, line up in order and stand behind the yellow line. Thank you!"

Ānjiǎn rényuán1 Nín hǎo! Qǐng chūshì nín de hùzhào hé dēngjīpái.
安检人员1： 您好！请出示您的护照和登机牌。

（乘客出示护照和登机牌 The passenger shows her passport and boarding pass）

Hǎo, kěyǐ le. Qǐng nín shōuhǎo hùzhào hé dēngjīpái.
安检人员1： 好，可以了。请您收好护照和登机牌。

（乘客来到传送带前 The passenger walks to the conveyor）

Qǐng nín bǎ xíngli fàng zài chuánsòngdài shang, qǐng tuōdiào wàiyī, bǎ shēnshang de jīnshǔ wùpǐn hé kǒudai li de dōngxi fàng zài tuōpán li, ránhòu guò ānjiǎnmén, xièxie.
安检人员2： 请您把行李放在传送带上，请脱掉外衣，把身上的金属物品和口袋里的东西放在托盘里，然后过安检门，谢谢。

（乘客从安检门顺利通过 The passenger passes through the door）

Hǎo le, qǐng náhǎo nín de xíngli wùpǐn. Zhù nín lǚtú yúkuài! Zàijiàn!
安检人员3： 好了，请拿好您的行李物品。祝您旅途愉快！再见！

（二）

乘客通过安检门时，报警器发出响声。

The alarm sounds when a passenger is walking through the security inspection door.

Qǐng nín zhàn zài zhège táizi shang，qǐng táiqǐ shǒubì …… qǐng zhuǎnshēn.

安检人员1： 请您站在这个台子上，请抬起手臂……请转身。（手持检测仪发出响声 The handheld detector sounds）

Nín shēnshang yǒu shénme jīnshǔ wùpǐn ma?

您身上有什么金属物品吗？

Ō，duìbuqǐ，shì chuàn yàoshi，wǒ wàng ná chulai le.

乘　　客： 哦，对不起，是串钥匙，我忘拿出来了。

Hǎo le，nín kěyǐ zǒu le.

安检人员1： 好了，您可以走了。

Duìbuqǐ，zhè shì nín de bāo ma? Qǐng dǎkāi，wǒ jiǎnchá yíxià.

安检人员2： 对不起，这是您的包吗？请打开，我检查一下。

Zěnme le? Yǒu shénme wèntí?

乘　　客： 怎么了？有什么问题？

（安检人员从乘客行李中拿出一瓶液体 The security officer takes out a bottle of liquid from the passenger's baggage）

Duìbuqǐ，gēnjù guīdìng，zhèyàng de yètǐ shì bù yǔnxǔ dàishàng fēijī de.

安检人员2： 对不起，根据规定，这样的液体是不允许带上飞机的。

Nà jiù rēng le ba.

乘　　客： 那就扔了吧。

生词 → New Words

1.	脱掉	tuō diào		to take off
2.	金属	jīnshǔ	（名）	metal
3.	物品	wùpǐn	（名）	item, article
4.	口袋	kǒudai	（名）	pocket
5.	托盘	tuōpán	（名）	tray
6.	然后	ránhòu	（连）	then, afterwards
7.	安检门	ānjiǎnmén	（名）	security inspection door
8.	祝	zhù	（动）	to wish
9.	旅途	lǚtú	（名）	journey
10.	愉快	yúkuài	（形）	happy
11.	站	zhàn	（动）	to stand
12.	台子	táizi	（名）	platform, stage
13.	抬起	tái qǐ		to raise up
14.	手臂	shǒubì	（名）	arm
15.	转身	zhuǎn//shēn	（动）	to turn around
16.	钥匙	yàoshi	（名）	key
17.	忘	wàng	（动）	to forget
18.	检查	jiǎnchá	（动）	to check
19.	根据	gēnjù	（介）	according to
20.	规定	guīdìng	（名）	regulation, rule
21.	液体	yètǐ	（名）	liquid
22.	允许	yǔnxǔ	（动）	to allow
23.	扔	rēng	（动）	to throw

注释 → Notes

● 祝您旅途愉快！

“祝你 / 您……” 表示祝愿。例如：

“祝你 / 您……” indicates blessings. For example,

① 祝你生日快乐！ Zhù nǐ shēngrì kuàilè!

② 祝您一路平安！ Zhù nín yílù píng'ān!

● 怎么了？有什么问题？

怎么了 询问已经发生的情况的原因时用“（……）怎么了？”。例如：

“（……）怎么了？” is used to inquire about the reason for or cause of something that has already happened. For example,

A：这件行李怎么了？ Zhè jiàn xíngli zěnme le?

B：超重了。 Chāozhòng le.

语法 → Grammar

● 我忘了拿出来了。

趋向补语 “上、下、进、出、回、过、起” 后边加上 “来” 或 “去”，放在动词后面做补语，表示动作的趋向。一般读轻声。例如：

Directional complements: “上 / 下 / 进 / 出 / 回 / 过 / 起”, when followed by “来” or “去”, can be put behind a verb to serve as the complement which indicates the direction of an action. For example,

① 请您抬起手臂（来）。 Qǐng nín táiqǐ shǒubì (lai).

② 请您站上来。 Qǐng nín zhàn shanglai.

③ 请把行李放上去。 Qǐng bǎ xíngli fàng shangqu.

	上	下	进	出	回	过	起
来	上来	下来	进来	出来	回来	过来	起来
去	上去	下去	进去	出去	回去	过去	—

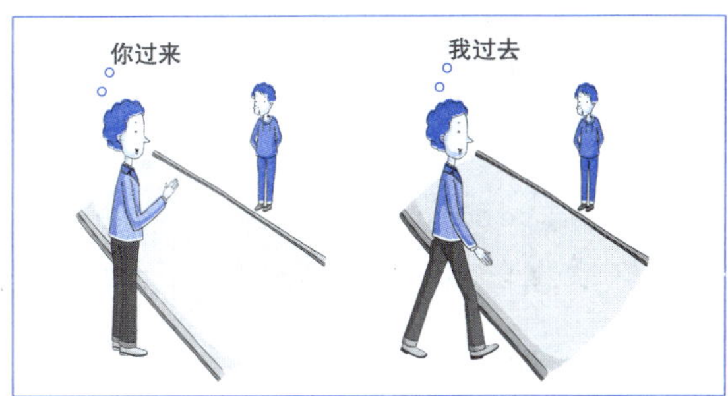

● 这样的液体是不允许带上飞机的。

是……的 在这里表示对全句的强调。例如：

"是……的" is used here to indicate an emphasis on the whole sentence. For example,

① 下这么大的雨，飞机是不可能起飞的。

Xià zhème dà de yǔ, fēijī shì bù kěnéng qǐfēi de.

② 我们的航班是全程禁烟的。 Wǒmen de hángbān shì quánchéng jìn yān de.

练习 Exercises

一、跟读音节 Read the syllables after the recording.

bā — bō	dé — dí	lǚ — lǔ	nà — nèi
pāi — pēi	táo — tóu	mǎn — mǎng	fèn — fèng
jīn — jīng	qián — qiáng	xiǎn — xuǎn	jìn — jùn
shuān — shuāng	táo — tiáo	yǎn — yuǎn	hùn — hòng
dōu — diū	huá — huó	chǎng — chuǎng	kài — kuài
hēi — huī	jié — jué	nǐ — nǚ	rèn — rùn

二、跟读词语，注意声调

Read the words and expressions after the recording, and pay attention to the tones.

fàng zài chuánsòngdài shang 放在传送带上	tuōdiào wàiyī 脱掉外衣	jīnshǔ wùpǐn 金属物品
kǒudai li de dōngxi 口袋里的东西	fàng zài tuōpán li 放在托盘里	guò ānjiǎnmén 过安检门
xíngli wùpǐn 行李物品	lǚtú yúkuài 旅途愉快	zhàn zài táizi shang 站在台子上
táiqǐ shǒubì 抬起手臂	qǐng zhuǎnshēn 请转身	ná chulai 拿出来
jiǎnchá yíxià 检查一下	zěnme le 怎么了	gēnjù guīdìng 根据规定
bù yǔnxǔ 不允许	dàishàng fēijī 带上飞机	rēng le ba 扔了吧

三、跟读句子，注意语音语调

Read the sentences after the recording, and pay attention to the pronunciation and intonation.

Qǐng nín bǎ xíngli fàng zài chuánsòngdài shang.
1. 请您把行李放在传送带上。

Bǎ shēnshang de jīnshǔ wùpǐn hé kǒudai li de dōngxi fàng zài tuōpán li.
2. 把身上的金属物品和口袋里的东西放在托盘里。

Qǐng náhǎo nín de xíngli wùpǐn.
3. 请拿好您的行李物品。

Zhù nín lǚtú yúkuài!
4. 祝您旅途愉快!

Qǐng nín zhàn zài zhège táizi shang.
5. 请您站在这个台子上。

Qǐng dǎkāi nín de bāo, wǒ jiǎnchá yíxià.
6. 请打开您的包，我检查一下。

Zěnme le? Yǒu shénme wèntí?
7. 怎么了？有什么问题？

Gēnjù guīdìng, zhèyàng de yètǐ shì bù yǔnxǔ dàishàng fēijī de.
8. 根据规定，这样的液体是不允许带上飞机的。

四、连线，组成对话 Match the sentences in the two columns to make dialogues.

Qǐngwèn, wàibì duìhuànchù zài nǎr?
1. A：请问，外币兑换处在哪儿？

Wàibì duìhuànchù lí zhèr yǒu duō yuǎn?
2. A：外币兑换处离这儿有多远？

Nín xiǎng huàn duōshao?
3. A：您想换多少？

Wǒ xūyào kàn yíxià nín de hùzhào.
4. A：我需要看一下您的护照。

Zhè shì nín de qián, qǐng shǔ yíxià.
5. A：这是您的钱，请数一下。

Cóng zhèr dào nàr dàgài yǒu wǔ-liùshí mǐ.
6. B：从这儿到那儿大概有五六十米。

Wǔbǎi měiyuán.
7. B：500 美元。

Zài Kěndéjī pángbiān.
8. B：在肯德基旁边。

Duì, xièxie.
9. B：对，谢谢。

Gěi nín.
10. B：给您。

五、完成句子 Complete the sentences.

Qǐng nín bǎ xíngli fàng zài ______ shang.
1. 请您把行李放在 ______ 上。

Qǐng ______ wàiyī.
2. 请 ______ 外衣。

Bǎ shēnshang de ______ fàng zài ______ li, ránhòu guò ānjiǎnmén, xièxie.
3. 把身上的 ______ 放在 ______ 里，然后过安检门，谢谢。

Hǎo le, qǐng náhǎo ______.
4. 好了，请拿好 ______ 。

Zhù nín ______!
5. 祝您 ______ ！

Qǐng nín ______ zhège táizi shang, qǐng ______ shǒubì, qǐng ______ shēn.
6. 请您 ______ 这个台子上，请 ______ 手臂，请 ______ 身。

Qǐng dǎkāi nín de bāo, wǒ ______ yíxià.
7. 请打开您的包，我 ______ 一下。

Gēnjù ______, zhèyàng de yètǐ shì bù yǔnxǔ dàishàng fēijī de.
8. 根据 ______，这样的液体是不允许带上飞机的。

六、组成句子 Unscramble the sentences.

cóng nín yìzhí zhèr wǎng qián zǒu
1. 从 您 一直 这儿 往 前 走

____

	yuǎn	duìhuànchù	lí	duō	yǒu	zhèr
2.	远	兑换处	离	多	有	这儿

____

	dàgài	cóng……dào……	zhèr	nàr	wǔ-liùshí mǐ	yǒu
3.	大概	从……到……	这儿	那儿	五六十米	有

____

	rénmínbì	wǒ	měiyuán	xiǎng	huànchéng	bǎ
4.	人民币	我	美元	想	换成	把

____

	hùzhào	xūyào	wǒ	nín	kàn	de	yíxià
5.	护照	需要	我	您	看	的	一下

____

七、情景会话 Situational dialogue

一个学生扮演安检人员，另一个学生扮演乘客，用汉语表演通过安检。

One student plays the part of a security officer, and the other student plays the part of a passenger. Perform the scene of passing through the security check in Chinese.

补充词语 Supplementary Words 

1.	随身	suíshēn	（形）	(to carry something) with (somebody)
2.	按	àn	（介）	according to
3.	顺序	shùnxù	（名）	order, sequence
4.	排队	pái//duì	（动）	to line up
5.	黄线	huángxiàn	（名）	yellow line
6.	谢谢合作	xièxie hézuò		thank you for your cooperation

7.	违禁品	wéijìnpǐn	（名）	contraband goods
8.	液体化妆品	yètǐ huàzhuāngpǐn		liquid make-up
9.	电子产品	diànzǐ chǎnpǐn		electronic product
10.	刀具	dāojù	（名）	cutter
11.	音像制品	yīnxiàng zhìpǐn		audiovisual product

你知道吗？ Do you know it?

中国国宝大熊猫

大熊猫（一般称“熊猫”）是中国国家一级保护动物，也是世界上最珍贵的动物之一，被誉为中国的国宝。

大熊猫是一种古老的动物，现存数量稀少，被动物学家称为“活化石”。与它同一时期的动物早已灭绝。大熊猫分布在中国四川北部、陕西和甘肃南部。

2006年7月，四川大熊猫栖息地被列为世界自然遗产。

大熊猫是哺乳动物，身体肥胖，性情温和，惹人喜爱。它喜欢爬树，形状像熊但略小一些，尾巴短，眼睛周围、耳朵、前后肢和肩部是黑色，其余都是白色。毛密而有光泽，耐寒。它生活在2000～4000米的高山丛林中，喜欢吃竹叶、竹笋。它的繁殖能力很低，每胎通常只产一仔，且成活率不高。

大熊猫一直被称为中国的“友好大使”，深受各国人民和儿童的喜爱，促进了中国与外国的友谊和相互了解。

Panda, a National Treasure of China

Panda is an animal under the first-class national protection in China as well as one of the most precious animals in the world, reputed as the national treasure of China.

As an ancient animal rare in number, it is called "the living fossil" by the zoologists. Its contemporaries had long been extinct. Pandas in China mainly scatter around the northern part of Sichuan Province, Shaanxi Province and the southern part of Gansu Province.

In July, 2006, the panda habitat was listed as a World Heritage site.

Pandas are lovable mammals with a fat body and moderate temper. They like to climb trees. Pandas look like bears in appearance, yet are smaller in size. They have a short tail, and the hair around their eyes, ears, limbs and shoulders is black and that of other parts is white. They have thick and glossy hair which is cold-resistant. Pandas live in the forests on mountains of 2000 ~ 4000 meters high. They like to eat bamboo leaves and bamboo shoots. Pandas are of low fertility, and there is usually only one offspring at one birth; moreover, the offspring is of low survival rate.

Having been called the "the Goodwill Ambassador" of China, pandas are loved by adults and children all over the world and have promoted the friendship and understanding between China and other countries.

复习一

Review One

一、读拼音 Read the following *pinyin*. 

1. 读音节 Read the syllables.

bā	pái	mǎn	fàng
dāo	tóu	nǎi	lù
guāi	ké	huǐ	
jīng	qián	xuǎn	
zāo	cán	sài	
zhōu	cháo	shùn	rùn
shuān — shuāng	yǎn — yuǎn	dōu — diū	huá — huó
kài — kuài	jié — jué	nǐ — nǚ	rèn — rùn

2. 读古诗 Read the ancient poem.

Chuáng qián míng yuè guāng,
床前明月光，

Yí shì dì shàng shuāng.
疑是地上霜。

Jǔ tóu wàng míng yuè,
举头望明月，

Dī tóu sī gùxiāng.
低头思故乡。

（唐·李白《静夜思》）

二、读词语 Read the words and expressions.

dìng jīpiào	hěn bàoqiàn	liánxì fāngshì	tuì piào	hángbānhào
订机票	很抱歉	联系方式	退票	航班号

tèjiàpiào 特价票	gǎiqiān 改签	shǒuxùfèi 手续费	bànlǐ chéng jī shǒuxù 办理乘机手续
wǎng zuǒ guǎi 往左拐	qǐng shǔ yíxià 请数一下	xíngli wùpǐn 行李物品	lǚtú yúkuài 旅途愉快
táiqǐ shǒubì 抬起手臂	qǐng zhuǎnshēn 请转身	jiǎnchá yíxià 检查一下	gēnjù guīdìng 根据规定
tuōyùn xíngli 托运行李	xíngli chāozhòng 行李超重	wàibì duìhuànchù 外币兑换处	

三、读句子 Read the sentences.

Qǐngwèn, nín yǒu shénme xūyào?
1. 请问，您有什么需要？

Qǐng chūshì nín de hùzhào.
2. 请出示您的护照。

Tèjià jīpiào bù néng gǎiqiān.
3. 特价机票不能改签。

Nín xūyào fù bǎi fēnzhī shí de shǒuxùfèi.
4. 您需要付 10% 的手续费。

Wǒ xiǎng yào yí ge kào chuāng de zuòwèi.
5. 我想要一个靠窗的座位。

Qǐng nín bǎ yào tuōyùn de xíngli fàngdào chuánsòngdài shang.
6. 请您把要托运的行李放到传送带上。

Duìhuànchù zài wèishēngjiān pángbiān.
7. 兑换处在卫生间旁边。

Wǒ xiǎng bǎ rénmínbì huànchéng měiyuán.
8. 我想把人民币换成美元。

Zhù nín lǚtú yúkuài!
9. 祝您旅途愉快!

Gēnjù guīdìng, zhèyàng de yètǐ shì bù yǔnxǔ dàishang fēijī de.
10. 根据规定，这样的液体是不允许带上飞机的。

四、用括号里的词语完成对话

Complete the dialogues with the words and expressions given in the brackets.

Qǐngwèn, nǎ
1. 工作人员：请问，______________________________?（哪）

Wǒ yào liùyuè shí hào de fēijīpiào.
乘　　客：我要6月10号的飞机票。

Nín hǎo! Nín yǒu shénme xūyào?
2. 工作人员：您好！您有什么需要?

Wǒ yào dìng cóng…… dào……
乘　　客：我要__________________________。（订从……到……）

Nín hǎo! Wǒ yào gǎiqiān.
3. 乘　　客：您好！我要改签。

Duìbuqǐ,
工作人员：对不起，____________________，____________________。

tèjiàpiào
（特价票）

Nín hǎo! Wǒ yào tuì piào.
4. 乘　　客：您好！我要退票。

Hǎo de, nín shǒuxùfèi
工作人员：好的，您____________________________。（手续费）

C líng líng bā jiǔ shì zài zhèr bànlǐ dēng jī shǒuxù ma?
5. 乘　　客：C 0089是在这儿办理登机手续吗?

Shì de, chūshì
工作人员：是的，______________________________。（出示）

Duìbuqǐ,
6. 工作人员：对不起，________________________________，

chāozhòng jiāo
________________________________。（超重　交）

Hǎo de, gěi nín.
乘　　客：好的，给您。

Qǐngwèn, lí
7. 乘　　客：请问，________________________________？（离）

Cóng zhèr dào wàibì duìhuànchù dàgài yǒu wǔ-liùshí mǐ.
工作人员：从这儿到外币兑换处大概有五六十米。

Wǒ xiǎng huàn wǔbǎi měiyuán de rénmínbì.
8. 乘　　客：我想换 500 美元的人民币。

Hǎo de, shǔ
工作人员：好的，________________，________________。（数）

9.（过安检 Going through the security check）

Qǐng nín
安检人员：请您________________________________，

ránhòu guò ānjiǎnmén. bǎ……fàng zài……
然后过安检门。（把……放在……）

Hǎo de.
乘　　客：好的。

Duìbuqǐ,
10. 安检人员：对不起，________________________________。

Nà jiù rēng le ba. gēnjù bù yǔnxǔ
乘　　客：那就扔了吧。（根据　不允许）

五、根据下面的情境练习对话

Make up dialogues based on the following situations.

1. 一位乘客打电话订一张直达北京的机票，但是他担心情况会有变化，于是在订票后还向工作人员咨询了改签和退票的情况。

   A passenger calls to book a nonstop ticket to Beijing. After the ticket is booked, he consults the staff member about how to change or return a ticket in case there would be any change of plan.

2. 一位乘客来到机场办理登机手续、托运行李，并要求要一个靠窗的座位。托运的行李超重了，他交了一些行李超重费。办完登机手续后，他向人打听外币兑换处在哪儿，并去换了一些钱，然后通过安检。安检时查出了一些不能带上飞机的东西，他把这些东西扔了。

   In an airport, a passenger checks in, gets his baggage checked and asks for a seat beside the window. His baggage is overweight, so he pays some charges for the excess. Having been checked in, he asks someone where the foreign exchange counter is and changes some money there. Then he goes to the security checkpoint, where he is told some of his items are not allowed on the plane, so he throws them away.

6 Huānyíng Nín Chéngzuò Běn Cì Hángbān
欢迎您乘坐本次航班
Welcome to This Flight

06

Yíngjiē lǚkè hé ānpái zuòwèi
迎接旅客和安排座位
Passenger reception and seat arrangement

• 重点句 • Key Sentences

Huānyíng nín chéngzuò běn cì hángbān.
1. 欢迎您乘坐本次航班。
Welcome to this flight.

Qǐng nín duì hào rù zuò.
2. 请您对号入座。
Please sit in the right seat.

课文 → Texts

(一)

(机场广播 Airport announcement)

Chéngkè péngyoumen qǐng zhùyì, cóng Niǔyuē fēiwǎng Běijīng de C líng líng bā jiǔ cì hángbān xiànzài kāishǐ dēng jī, qǐng dàihǎo nín de xíngli wùpǐn, dào shíwǔ hào dēngjīkǒu dēng jī.

乘客朋友们请注意，从纽约飞往北京的 C 0089 次航班现在开始登机，请带好您的行李物品，到 15 号登机口登机。

(二)

两位空姐站在机舱门口，欢迎乘客登机，其他空姐引导乘客就座。

Two air hostesses are standing at the door of the cabin to greet passengers to board, and other air hostesses are guiding the passengers to their seats.

Zhōngwǔ hǎo！ Huānyíng nín chéngzuò běn cì hángbān!

乘务员： 中午好！欢迎您乘坐本次航班！

Zhōngwǔ hǎo!

乘客 1： 中午好！

Qǐng chūshì nín de dēngjīpái.

乘务员： 请出示您的登机牌。

Hǎo de.

乘客 1： 好的。

Nín de zuòwèi shì shíliù A. Qǐng zǒu

乘务员： 您的座位是 16A。请走

yòucè tōngdào， zài zhōngcāng kào chuāng

右侧通道，在中舱靠窗

zuòwèi，zuòwèihào jiù zài xínglijià shang.

座位，座位号就在行李架上。

……

Qǐngwèn, wǒ de zuòwèi zài nǎr?

乘客 2： 请问，我的座位在哪儿？

Wǒ kàn yíxià. Qǐng nín wǎng qián zǒu， nín de zuòwèi zài dào shǔ dì liù pái，

乘务员： 我看一下。请您往前走，您的座位在倒数第六排，

qǐng nín duì hào rù zuò.

请您对号入座。

1.	注意	zhùyì	（动）	to pay attention to
2.	现在	xiànzài	（名）	now
3.	开始	kāishǐ	（动）	to start
4.	登机口	dēngjīkǒu	（名）	boarding gate
5.	侧	cè	（名）	side

6.	通道	tōngdào	（名）	aisle
7.	舱	cāng	（名）	cabin
8.	行李架	xínglijià	（名）	baggage shelf
	架	jià	（名）	shelf
9.	倒数	dàoshǔ	（动）	(No. ...) from the last
10.	第	dì	（前缀）	No. (+1/2/3…)
11.	排	pái	（量）	row
12.	对号入座	duì hào rù zuò		to sit in the right seat

注释 → Notes

● 您的座位在倒数第六排。

第～　整数数词前加词缀“第”表示序数。例如：

An integer with “第” added in front indicates an ordinal number. For example,

dì yī cì　　dì wǔ tiān　　dì liù kè

第一次　　第五天　　第六课

有时数词本身也表示序数，不必加“第”。例如：

Sometimes, numerals can indicate ordinal numbers by themselves without “第”. For example,

yīyuè　　sān lóu　　èr bān

一月　　三楼　　二班

语法 → Grammar

● 请带好您的行李物品，到 15 号登机口登机。

动词 +“好”　表示动作完成并令人满意。（参见第 3 课注释）

Verb+ “好”：It indicates an action has been finished satisfactorily.（See the Notes in Lesson 3.）

练习 → Exercises

一、跟读音节 Read the syllables after the recording.

bā—bá	pō—pǒ	dī—dì
tán—tān	huó—huǒ	jié—jiè
qiǎo—qiāo	xuě—xué	zuǒ—zuò
chuàn—chuān	shào—sháo	rèn—rěn

二、跟读词语，注意声调

Read the words and expressions after the recording, and pay attention to the tones.

qǐng zhùyì 请注意	kāishǐ dēng jī 开始登机	dàihǎo 带好	xíngli wùpǐn 行李物品
huānyíng nín 欢迎您	zuòwèihào 座位号	xínglijià 行李架	dàoshǔ 倒数
duì hào rù zuò 对号入座			

三、替换画线部分 Substitute the underlined parts.

Qǐng nín dàihǎo nín de xíngli wùpǐn.

1. 请您带好您的行李物品。

shōu 收	hùzhào 护照
zhǔnbèi 准备	dēngjīpái 登机牌
ná 拿	jīpiào 机票

Wǒ de zuòwèi zài nǎr?
2. A：我的座位在哪儿？

Nín de zuòwèi zài dàoshǔ dì liù pái.
B：您的座位在倒数第六排。

fēijī zhōngbù 飞机中部
shāngwùcāng 商务舱
qiánmian dì sān pái 前面第三排

Wǒ kàn yíxià nín de dēngjīpái.
3. 我看一下您的登机牌。

nín shì 您试	ěrjī 耳机
wǒ fàng 我放	xíngli 行李
nín tián 您填	zhè zhāng biǎo 这张表

四、选词填空 Choose the words to fill in the blanks.

qǐngwèn 请问	cóng 从	wǎng 往	lí 离	huàn 换	shǔ 数
yúkuài 愉快	yǔnxǔ 允许	chūshì 出示	dǎkāi 打开		

Nín zhèr yìzhí qián zǒu jiù néng kànjiàn wèishēngjiān.
1. 您__________这儿一直__________前走就能看见卫生间。

Gěi nín qián, qǐng yíxià.
2. 给您钱，请__________一下。

Zhù nín lǚtú
3. 祝您旅途__________。

Qǐng nín de bāo, wǒ jiǎnchá yíxià.
4. 请__________您的包，我检查一下。

duìhuànchù zhèr yǒu duō yuǎn?
5. __________，兑换处__________这儿有多远？

Nín hǎo! Wǒ xiǎng bǎ měiyuán ______ chéng rénmínbì.
6. 您好！我想把美元______成人民币。

Qǐng ______ nín de hùzhào hé dēngjīpái.
7. 请______您的护照和登机牌。

Duìbuqǐ, gēnjù guīdìng, zhèyàng de yètǐ shì bù ______ dàishàng fēijī de.
8. 对不起，根据规定，这样的液体是不______带上飞机的。

五、完成对话 Complete the dialogues.

（一）

Qǐngwèn, zhítī zài nǎr?
1. A：请问，直梯在哪儿？
B：______________________。

2. A：______________________？
Wǒ yào huàn wǔbǎi měiyuán.
B：我要换 500 美元。

Qǐngwèn, wèishēngjiān lí zhèr yǒu duō yuǎn?
3. A：请问，卫生间离这儿有多远？
B：______________________。

Duìbuqǐ,
4. A：对不起，______________________。
Nà jiù rēng le ba.
B：那就扔了吧。

5.（安检后 After the security check）
náhǎo zhù
A：______________________。（拿好 祝）
Xièxie! Zàijiàn!
B：谢谢！再见！

（二）

（在登机口 At the door of the cabin）

Xiàwǔ hǎo!
1. 乘务员：下午好！______________________！

Xiàwǔ hǎo!
乘　客：下午好！

2. 乘务员：______________________。

Hǎo de. Zhè shì wǒ de dēngjīpái.
乘　客：好的。这是我的登机牌。

Qǐngwèn, wǒ de zuòwèi zài nǎr?
3. 乘　客：请问，我的座位在哪儿？

Wǒ kàn yíxià, qǐng nín duì hào rù zuò.
乘务员：我看一下，______________________，请您对号入座。

六、情景会话 Situational dialogues

1. 一个学生扮演乘务员，另一个学生扮演乘客，用汉语表演乘务员欢迎乘客。
One student plays the part of a flight attendant, and the other student plays the part of a passenger. Perform the scene of the flight attendant greeting the passenger in Chinese.

2. 按照登机牌上的座位号和在机舱中的位置，空姐引导乘客找到座位。
Based on the seat number on the boarding pass and the location in the cabin, play the scene of the air stewardess guiding the passenger to find the seat.

补充词语 Supplementary Words

1.	空姐	kōngjiě	（名）	air hostess, air stewardess
2.	准备	zhǔnbèi	（动）	to prepare
3.	拿	ná	（动）	to take
4.	放	fàng	（动）	to put
5.	中部	zhōngbù	（名）	middle
6.	前舱	qiáncāng	（名）	fore cabin
7.	后舱	hòucāng	（名）	rear cabin
8.	试	shì	（动）	to try
9.	耳机	ěrjī	（名）	earphone, headphone
10.	填	tián	（动）	to fill
11.	表	biǎo	（名）	form

你知道吗？ Do you know it?

中国人喜欢哪些数字

古代中国人喜欢的数字有1、3、4、5和9。1代表了全部和统一；3隐含完全、完美的意思，很多事物都用3来概括，很多俗语也用到3，如“三人一条心，黄土变成金”；4、5源于中国人对大地的崇拜；而9源于对天的崇拜，9是一个极限，是一种至高无上的标志，只有皇家才可以用。

现代中国人喜欢的数字是5、6、8、9，其中最喜欢的数字是8，比如中国人的电话号码、车牌号码、楼层都喜欢带8，因为“8”在汉语中和“发财”的“发”谐音；“6”代表顺利；“9”和“长久”的“久”同音；“5”和“幸福”的“福”谐音。现在的中国人不喜欢4，因为“4”和“死”谐音。

Which Numbers Do Chinese People Like

Ancient Chinese people loved the numbers "1", "3", "4", "5" and "9". In their opinion, "1" stood for the whole and unity; "3" implied completeness and perfection, and many things and proverbs are involved with "3", for example, "three minds together can turn soil into gold"; "4" and "5" symbolized Chinese people's worship of earth; "9" signified the worship of heaven. "9" was a sign of supreme which could only be used for the imperial family.

However, nowadays, Chinese people like numbers such as "5", "6", "8" and "9", and their favorite number is "8". For example, they prefer "8" in their telephone number, license number and even floor number, because "8" in Chinese sounds similar to "发" in "发财" (getting rich). "6" stands for smoothness; "9" sounds the same as "久" in "长久" (permanent); "5" sounds similar to "福" in "幸福" (happiness). Chinese people don't like "4" now, because it sounds similar to "死" (to die) in Chinese.

7 Qǐng bǎ Xíngli Fàngdào Xínglijià li
请把行李放到行李架里
Please Put the Baggage into the Overhead Compartment

Ānzhì xíngli
安置行李
Baggage placement

07

• 重点句 •
Key Sentences

Nín kěyǐ fàngdào pángbiān de xínglijià li.
1. 您可以放到旁边的行李架里。
You can put it into the overhead compartment nearby.

Zhèli shì jǐnjí chūkǒu, xíngli bù néng fàng zài zhèr.
2. 这里是紧急出口，行李不能放在这儿。
This is the emergency exit, and your baggage can't be put here.

Wǒmen néng bu néng bǎ nín de xíngli nádào qiánmian bǎocún?
3. 我们能不能把您的行李拿到前面保存？
Shall we keep your baggage in the front?

课文 → Texts

（一）

乘客正在放置行李。
A passenger is placing his baggage.

Xíngli fànghǎo hòu, qǐng dàjiā zài zìjǐ de zuòwèi shang zuòhǎo，búyào zhàn zài guòdào shang，yǐmiǎn yǐngxiǎng hòumian de chéngkè dēng jī.

乘务员： 行李放好后，请大家在自己的座位上坐好，不要站在过道上，以免影响后面的乘客登机。

Xiǎojie, wǒ de xíngli fàng zài nǎr?
乘　客：小姐，我的行李放在哪儿？

Nín kěyǐ fàngdào shàngmian de xínglijià li.
乘务员：您可以放到上面的行李架里。

Nǐ kàn, zhège xínglijià yǐjīng mǎn le, zěnme bàn?
乘　客：你看，这个行李架已经满了，怎么办？

Nín kěyǐ fàngdào pángbiān de xínglijià li.
乘务员：您可以放到旁边的行李架里。

Wǒ zhèr hái yǒu yí ge lǚxíngdài, yě fàng zài nàr ma?
乘　客：我这儿还有一个旅行袋，也放在那儿吗？

Zhège dàizi yǒudiǎnr zhòng, rúguǒ fēijī diānbǒ, dàizi diào xialai, huì záshāng rén de.
乘务员：这个袋子有点儿重，如果飞机颠簸，袋子掉下来，会砸伤人的。

Nà fàng zài nǎr?
乘　客：那放在哪儿？

Nín kěyǐ fàng zài nín qiánmian de zuòyǐ xià.
乘务员：您可以放在您前面的座椅下。

Hǎo de, xièxie.
乘　客：好的，谢谢。

（二）

空姐正在检查行李放置情况。

An air hostess is checking if all the baggage is placed properly.

Qǐngwèn, zhè jiàn xíngli shì nǎ wèi chéngkè de?
乘务员：请问，这件行李是哪位乘客的？

Shì wǒ de, zěnme le?
乘　客：是我的，怎么了？

Duìbuqǐ, zhèli shì jǐnjí chūkǒu,
乘务员：对不起，这里是紧急出口，

xíngli bù néng fàng zài zhèr.
行李不能放在这儿。

Bù hǎoyìsi. Nà yīnggāi fàng zài nǎr ne?
乘　客： 不好意思。那应该放在哪儿呢？

Wǒmen néng bu néng bǎ nín de xíngli fàngdào qiánmian bǎocún?
乘务员： 我们能不能把您的行李放到前面保存？

Nàyàng méi wèntí ba?
乘　客： 那样没问题吧？

Qǐng nín fàngxīn, wǒmen huì wèi nín xiǎoxīn bǎocún de.
乘务员： 请您放心，我们会为您小心保存的。

生词 → New Words

1.	过道	guòdào	（名）	aisle
2.	以免	yǐmiǎn	（连）	lest, in order not to
3.	影响	yǐngxiǎng	（动）	to affect, to influence
4.	怎么办	zěnme bàn		what to do
5.	有点儿	yǒudiǎnr	（副）	a little bit
6.	颠簸	diānbǒ	（动）	to bump, to jolt
7.	掉	diào	（动）	to drop
8.	会	huì	（能愿）	will, may
9.	砸	zá	（动）	to crush, to smash
10.	伤	shāng	（动）	to hurt
11.	座椅	zuòyǐ	（名）	seat
12.	紧急出口	jǐnjí chūkǒu		emergency exit
13.	不好意思	bù hǎoyìsi		excuse me
14.	放心	fàng//xīn	（动）	don't worry

15. 为	wèi	（介）	for
16. 保存	bǎocún	（动）	to keep

注释 → Notes

● 我这儿还有一个行李箱。

名／代＋“这儿”／“那儿” 在表示人的名词或者代词后加上“这儿”“那儿”表示处所。例如：

Noun/Pronoun＋“这儿”／“那儿”：“这儿” or “那儿”, when added behind a noun or pronoun expressing a person, indicates place or location. For example,

① 您去空姐那儿问一下。 Nín qù kōngjiě nàr wèn yíxià.

② 我的护照在你那儿吗？ Wǒ de hùzhào zài nǐ nàr ma?

● 那应该放在哪儿呢？

那 表示顺着上文的语义，说明应有的结果或者自己提出的问题或假设。（参见第 2 课注释）

“那”, based on the previous context, indicates a due result or a question or hypothesis brought up by oneself. (See the Notes in Lesson 2.)

语法 → Grammar

● 这个行李架已经满了。

了 这里的“了”是语气助词，用在句尾，表示某件事或者某种情况已经发生。例如：

“了” here is a modal particle which is used at the end of a sentence to indicate that something or a certain situation has already happened. For example,

① 我已经到机场了。 Wǒ yǐjīng dào jīchǎng le.

② 行李放好了。 Xíngli fànghǎo le.

● 这个袋子有点儿重。

有（一）点儿 副词，表示稍微、略微的意思，多用于不如意的事情。例如：

"有（一）点儿" is an adverb meaning "a little bit", usually used on something dissatisfactory. For example,

① 机票有点儿贵。 Jīpiào yǒudiǎnr guì.

② 这个登机口有点儿远。 Zhège dēngjīkǒu yǒudiǎnr yuǎn.

③ 飞机有一点儿颠簸。 Fēijī yǒuyìdiǎnr diānbǒ.

练习 → Exercises

一、跟读音节 Read the syllables after the recording. 

bā—pā	dǎ—tǎ	gā—kā
bù—pù	dú—tú	gǔ—kǔ
bái—pái	dài—tài	gǎi—kǎi
bāo—pāo	dǎo—tǎo	gào—kào
bān—pān	dǎn—tǎn	gàn—kàn
bāng—pāng	dǎng—tǎng	gàng—kàng
béng—péng	děng—téng	gēng—kēng

二、跟读词语，注意声调

Read the words and expressions after the recording, and pay attention to the tones.

guòdào shang 过道上	yǐngxiǎng dēng jī 影响登机	zěnme bàn 怎么办	yǐjīng mǎn le 已经满了
wǒ zhèr 我这儿	yǒudiǎnr zhòng 有点儿重	fēijī diānbǒ 飞机颠簸	diào xialai 掉下来
zěnme le 怎么了	jǐnjí chūkǒu 紧急出口	bù hǎoyìsi 不好意思	méi wèntí 没问题
qǐng nín fàngxīn 请您放心	xiǎoxīn bǎocún 小心保存		

三、替换画线部分 Substitute the underlined parts. 

Nín kěyǐ fàngdào shàngmian de xínglijià li.

1. 您可以放到上面的行李架里。

lǚxíngdài li 旅行袋里
zuòyǐ xiàmian 座椅下面
xiǎo zhuōbǎn shang 小桌板上

Zhège dàizi yǒudiǎnr zhòng.

2. 这个袋子有点儿重。

xiāngzi 箱子	dà 大
zuòwèi 座位	kào hòu 靠后
dēng 灯	àn 暗

Wǒmen huì wèi nín xiǎoxīn bǎocún de.

3. 我们会为您小心保存的。

tígōng yǐnliào 提供饮料
zhǔnbèi máotǎn 准备毛毯
bōfàng diànyǐng 播放电影

四、连线，组成对话 Match the sentences in the two columns to make dialogues.

Wǒ de zuòwèi zài nǎr?
1. A：我的座位在哪儿？

Qǐng chūshì nín de dēngjīpái.
2. A：请出示您的登机牌。

C líng líng bā jiǔ cì hángbān zài nǎr dēng jī?
3. A：C0089 次航班在哪儿登机？

Gěi nín hùzhào，qǐng shōuhǎo.
4. A：给您护照，请收好。

Hǎo de，gěi nín.
5. B：好的，给您。

Qǐng dào shí hào dēngjīkǒu dēngjī.
6. B：请到 10 号登机口登机。

Hǎo de，xièxiè!
7. A：好的，谢谢！

Nín de zuòwèi zài dì shí pái.
8. B：您的座位在第十排。

五、完成对话 Complete the dialogues.

Xiǎojie，wǒ de xíngli fàng zài nǎr?
1. 乘　客：小姐，我的行李放在哪儿？

乘务员：______________________________。

2. 乘务员：______________________________？

Zhè jiàn xíngli shì wǒ de，zěnme le?
乘　客：这件行李是我的，怎么了？

Duìbuqǐ，zhèli shì ______ xíngli bù néng fàng zài zhèr.
乘务员：对不起，这里是______________________________，行李不能放在这儿。

Bù hǎoyìsi. Nà yīnggāi fàng zài nǎr ne?
乘　客：不好意思。那应该放在哪儿呢？

乘务员：______________________________。

Fàng zài nàr méi wèntí ba?
乘　客：放在那儿没问题吧？

乘务员：________________________。

六、组成句子 Unscramble the sentences.

1. qǐng 请　jiǎnchá 检查　dǎkāi 打开　nín de 您的　bāo 包　wǒ 我　yíxià 一下

____

2. tuōdiào 脱掉　bǎ 把　dōngxi 东西　zhèr 这儿　fàng zài 放在　qǐng 请　wàiyī 外衣

____

3. hángbān 航班　běn cì 本次　huānyíng 欢迎　chéngzuò 乘坐　nín 您

____

4. kāishǐ 开始　xiànzài 现在　dēngjī 登机　× × hángbān 航班

____

5. dàihǎo 带好　wùpǐn 物品　dào 到　xíngli 行李　nín de 您的　qǐng 请　shí hào dēngjīkǒu 10号登机口　dēng jī 登机

____

七、情景会话 Situational dialogue

一个学生扮演乘务员，另一个学生扮演乘客，乘务员用汉语向乘客说明在机舱内哪些地方可以放行李，哪些地方不可以放。

One student plays the part of a flight attendant, and the other student plays the part of a passenger. The flight attendant tells the passenger in Chinese where the baggage can be put and where it can't in the cabin.

补充词语 Supplementary Words

1.	小桌板	xiǎo zhuōbǎn		tray table
2.	暗	àn	(形)	dark
3.	提供	tígōng	(动)	to supply
4.	饮料	yǐnliào	(名)	drink, beverage
5.	毛毯	máotǎn	(名)	blanket
6.	播放	bōfàng	(动)	to broadcast
7.	电影	diànyǐng	(名)	movie

你知道吗？ Do you know it?

中国的传统节日

和西方节日源于宗教不同，中国的传统节日跟农业生产、祖先崇拜及原始禁忌有很大的关系。中国传统的重要节日有春节、元宵节、清明节、端午节和中秋节。

春节（农历正月初一）是最重要的节日。这一天人们要拜天地、祭祖宗，感谢天地的养育之恩并对祖先表达怀念之情。家人朋友之间要互相拜年，长辈要给孩子压岁钱，还要放鞭炮、贴春联、逛庙会。春节人们常吃饺子和年糕。大年三十晚上，人们阖家团圆，包饺子、看春晚（春节联欢晚会）。

元宵节（农历正月十五），也叫灯节，传统食品是元宵，象征着团圆。传统活动是看花灯。一般认为这一天过后春节才正式结束。

清明节（公历 4 月 5 日前后）在冬至后的第 105 天。“清明”的意思是天清气明，万物生长于此时，都清洁而明净。这一天人们会去扫墓祭祖，并去郊游踏青。

端午节（农历五月初五），人们要洒雄黄水，打扫屋子，在门上插艾叶，还要晒被褥，以杀虫消毒避瘟疫。在一些地方，人们把青、赤、黄、白、黑五色彩线系在手臂上避恶，称为“长命缕”。在南方，人们还会赛龙舟。端午节的传统食品是粽子和鸡蛋。

中秋节（农历八月十五），这一天恰好是秋天的中间，故称“中秋节”。中秋节也是丰收的时节，这一天的月亮在一年中最大最圆。中秋节夜晚，全家人一起吃月饼赏月。

Traditional Festivals in China

Traditional festivals in China are different from Western ones in their origins. Western festivals mainly come from religion, while Chinese ones are mainly involved with agricultural production, ancestor worship and primitive taboos. The important traditional festivals in China include the Spring Festival, the Lantern Festival, the Tomb-Sweeping Day (the Clear and Bright Festival), the Dragon Boat Festival and the Mid-Autumn Festival.

The Spring Festival (on the first day of the lunar new year in China) is the most important one. On this day, people will bow to the Heaven and Earth and offer sacrifices to their ancestors to show their gratitude to the Heaven and Earth who have bred them and their memory of the ancestors. Families and friends will pay each other New Year calls and the elders will give New Year gift money to children. People will also set off firecrackers, post New Year scrolls and go to the temple fair. Chinese people usually have dumplings and rice cakes on the Spring Festival. On the New Year's Eve, people make dumplings and watch CCTV Spring Festival Gala together with their family.

The traditional food of the Lantern Festival (on the fifteenth of the first month of the Chinese lunar year) is the glutinous rice ball called *yuanxiao* which symbolizes reunion. The traditional activity is to enjoy the sight of festive lanterns. The end of this festival is usually considered to be the official ending of the Spring Festival.

The Tomb-Sweeping Day (around April 5th in the Gregorian calendar) is 105 days after the winter solstice. “清明” means “clear and bright”, and everything grows in such a clean season. On this day, people usually go to sweep the tombs of their ancestors and go for an outing.

On the Dragon Boat Festival (the fifth day of the fifth lunar month), people spray realgar water, sweep the houses, insert Chinese mugwort leaves onto the doors and dry the beddings in the sun to kill the insects, disinfect the sheets and keep away the pestilence. In some regions, people tie "Long Life Threads" made up of strings of green, red, yellow, white and black colors to their arms to keep away evils. In south China, people hold dragon-boat races. The traditional food on the Dragon Boat Festival is *zongzi* and eggs.

The Mid-Autumn Festival (on the 15th day of the eighth lunar month) is right in the middle of the autumn season, so this day is called "Mid-Autumn Festival" or "Mid-Autumn Day". It is the season of good harvest and also the time when the moon is the biggest and fullest in a year. On the evening, family members eat moon cakes and enjoy the beautiful sight of the full moon together.

Chūn Jié miàohuì
春节庙会
Temple fair during the Spring Festival

CCTV chūnwǎn
CCTV 春晚
CCTV Spring Festival Gala

学说几句吉祥话

A few auspicious words to say on the Spring Festival 

Chūn Jié hǎo!
春节好!
Happy Spring Festival!

Guònián hǎo!
过年好!
Happy New Year!

Gěi nín bàinián le!
给您拜年了!
I wish you a happy new year!

Gōngxǐ fācái!
恭喜发财!
Wish you prosperity!

Zhù xīnnián jíxiáng, dà jí dà lì!
祝新年吉祥，大吉大利!
Wish you a happy and lucky new year!

Zhù xīnnián kuàilè, shēntǐ jiànkāng, xīn xiǎng shì chéng, wàn shì rúyì!
祝新年快乐，身体健康，心想事成，万事如意!
Happy New Year! Wish you good health! May all your wishes come true!

8 Yóuyú Yánwù, Wǒmen Xiàng Nín Dàoqiàn
由于延误，我们向您道歉
We Are Sorry for the Delay

08

Hángbān yánwù
航班延误
Flight delay

• 重点句 • Key Sentences

Qǐng nín zài zuòwèi shang zuòhǎo, nàixīn děngdài.
1. 请您在座位上坐好，耐心等待。
Please sit in your seat, and wait patiently.

Fēijī xūyào jìxù zài dìmiàn dòuliú yí duàn shíjiān, qǐng dàjiā liàngjiě.
2. 飞机需要继续在地面逗留一段时间，请大家谅解。
The plane will continue to stay on the ground for a while. Please understand.

Rúguǒ yǒu jìnyíbù de xiāoxi, wǒmen huì lìjí tōngzhī nín.
3. 如果有进一步的消息，我们会立即通知您。
We'll inform you immediately if we have any further information.

课文 → Texts

(一)

乘客正在等待飞机起飞。

Passengers are waiting for the plane to take off.

Nǐ hǎo! Qǐngwèn fēijī bú shì shí'èr diǎn shíwǔ qǐfēi ma?
乘　客：你好！请问飞机不是12：15起飞吗？

Jīpiào shang de shíjiān shì guānbì cāngmén de shíjiān, bú shì qǐfēi de shíjiān, qǐng děng yíhuìr.
乘务员：机票上的时间是关闭舱门的时间，不是起飞的时间，请等一会儿。

……

（机上广播 Announcement）

Gè wèi chéngkè, xiànzài fēijī zhèngzài děngdài pǎodào, qǐng nín zài zuòwèi shang zuòhǎo, nàixīn děngdài. Yóuyú yánwù, wǒmen xiàng nín dàoqiàn.
各位乘客，现在飞机正在等待跑道，请您在座位上坐好，耐心等待。由于延误，我们向您道歉。

Dàgài shénme shíhou qǐfēi?
乘　客：大概什么时候起飞？

Xiànzài hái bù qīngchu, wǒmen yào děng qǐfēi tōngzhī.
乘务员：现在还不清楚，我们要等起飞通知。

（二）

Xiǎojie, wǒmen zěnme hái bù qǐfēi?
乘　客：小姐，我们怎么还不起飞？

Duìbuqǐ, xiānsheng, fēijī yánwù de jùtǐ yuányīn wǒ yě bù qīngchu, wǒ zhè jiù qù wèn yíxià.
乘务员：对不起，先生，飞机延误的具体原因我也不清楚，我这就去问一下。

（机上广播 Announcement）

Gè wèi chéngkè, yóuyú qiánfāng tiānqì yuányīn, wǒmen de fēijī xūyào jìxù zài dìmiàn dòuliú yí duàn shíjiān, qǐng dàjiā liàngjiě. Rúguǒ yǒu jìnyíbù de xiāoxi, wǒmen huì lìjí tōngzhī nín.
各位乘客，由于前方天气原因，我们的飞机需要继续在地面逗留一段时间，请大家谅解。如果有进一步的消息，我们会立即通知您。

（过了一个小时 An hour later）

Xiǎojie， wǒmen hái yào děng duō cháng shíjiān?
乘　客： 小姐，我们还要等多长时间？

Duìbuqǐ， xiānsheng，wǒmen zhèngzài děngdài tiānqì hǎozhuǎn.
乘务员： 对不起，先生，我们正在等待天气好转。

Xiànzài tiānqì qíngkuàng zěnmeyàng le?
乘　客： 现在天气情况怎么样了？

Wǒmen děi děng qiánfāng bàoyǔ tíng hòu cái néng qǐfēi. Qǐng nín nàixīn děngdài.
乘务员： 我们得等前方暴雨停后才能起飞。请您耐心等待。

生词 → New Words 

1.	关闭	guānbì	（动）	to close
2.	舱门	cāngmén	（名）	cabin door
3.	起飞	qǐfēi	（动）	to take off
4.	各	gè	（代）	every, each
5.	正在	zhèngzài	（副）	in the process of, to be doing
6.	等待	děngdài	（动）	to wait
7.	跑道	pǎodào	（名）	runway
8.	耐心	nàixīn	（形）	patient
9.	由于	yóuyú	（连）	because
10.	延误	yánwù	（动）	to delay
11.	向	xiàng	（介）	to, towards
12.	道歉	dào//qiàn	（动）	to apologize
13.	清楚	qīngchu	（形）	clear
14.	通知	tōngzhī	（名/动）	notice; to inform
15.	具体	jùtǐ	（形）	specific

16.	原因	yuányīn	（名）	reason
17.	前方	qiánfāng	（名）	front, ahead
18.	天气	tiānqì	（名）	weather
19.	继续	jìxù	（动）	to continue
20.	逗留	dòuliú	（动）	to stay
21.	段	duàn	（量）	*used to indicate time or distance*
22.	谅解	liàngjiě	（动）	to understand, to forgive
23.	进一步	jìnyíbù	（副）	further
24.	消息	xiāoxi	（名）	information
25.	立即	lìjí	（副）	immediately
26.	好转	hǎozhuǎn	（动）	to get better
27.	暴雨	bàoyǔ	（名）	rainstorm
28.	停	tíng	（动）	to stop
29.	才	cái	（副）	*used to indicate that sth. happens only on certain conditions*

注释 →Notes

● 请问飞机不是 12:15 起飞吗？

不是……吗？ 反问句，用否定的形式强调肯定的意思，不要求回答。例如：

不是……吗？ is a rhetorical question, stressing affirmation by negation and demanding no answer. For example,

① 不是在 3 号登机口登机吗？ Bú shì zài sān hào dēngjīkǒu dēng jī ma?

② 箱子不是已经托运了吗？ Xiāngzi bú shì yǐjīng tuōyùn le ma?

③ 行李不是在这儿吗？ Xíngli bú shì zài zhèr ma?

● **我这就去问一下。**

这就…… 在汉语口语中，“这就……”表示现在马上做某事。例如：

“这就……” indicates to do something immediately in Chinese spoken language. For example,

① 我这就去换登机牌。　Wǒ zhè jiù qù huàn dēngjīpái.

② 我这就去给您拿毛毯。　Wǒ zhè jiù qù gěi nín ná máotǎn.

语法 → Grammar

● **现在飞机正在等待跑道。**

正 / 在 / 正在……（呢） 动词前边加上“在”“正在”“正”或句尾加“呢”，表示动作的进行。

A verb with “在”, “正在” or “正” before it or a sentence ending with “呢” indicates an ongoing action.

常见结构：

Familiar structures:

在……（呢）
正在……（呢）
正……呢
……呢

① 他在托运行李（呢）。　Tā zài tuōyùn xíngli ne.

② 他正在办理登机手续（呢）。　Tā zhèngzài bànlǐ dēng jī shǒuxù ne.

③ 我正过安检呢。　Wǒ zhèng guò ānjiǎn ne.

④ 他放行李呢。　Tā fàng xíngli ne.

练习 → Exercises

一、跟读音节 Read the syllables after the recording. 

bā—bō	pá—pó	mǎ—mǒ	fá—fó
dá—dé	tà—tè	nà—nèi	là—lè
nǐ—nǚ	lì—lǜ	jī—jū	qí—qú

xǐ — xǔ   nǚ — nǚ   lú — lǘ

bǎi — běi   pāi — pēi   mái — méi   dǎi — děi   hài — hēi

tāo — tōu   nào — lòu   láo — lóu   gào — gòu   kǎo — kǒu

二、跟读词语，注意声调

Read the words and expressions after the recording, and pay attention to the tones.

guānbì cāngmén 关闭舱门	qǐng děng yíhuìr 请等一会儿	gè wèi chéngkè 各位乘客	děngdài pǎodào 等待跑道
nàixīn děngdài 耐心等待	xiàng nín dàoqiàn 向您道歉	fēijī yánwù 飞机延误	jùtǐ yuányīn 具体原因
jìxù dòuliú 继续逗留	yí duàn shíjiān 一段时间	qǐng liàngjiě 请谅解	lìjí tōngzhī 立即通知
tiānqì hǎozhuǎn 天气好转			

三、替换画线部分 Substitute the underlined parts.

Fēijī bú shì shí'èr diǎn shíwǔ qǐfēi ma?

1. 飞机不是 12：15 起飞吗？

zhè 这	sān hào dēngjīkǒu 3 号登机口
jīpiào 机票	dìnghǎo le 订好了

Xiànzài fēijī zhèngzài děngdài pǎodào.

2. 现在飞机正在等待跑道。

guānbì cāngmén
关闭舱门

huáxíng
滑行

jiàngluò
降落

Yóuyú qiánfāng tiānqì de yuányīn, wǒmen de fēijī xūyào jìxù zài dìmiàn dòuliú yí duàn shíjiān.
3. 由于前方天气的原因，我们的飞机需要继续在地面逗留一段时间。

hángkōng guǎnzhì 航空管制	fēijī jiāng yánwù sānshí fēnzhōng 飞机将延误三十分钟
jīxiè gùzhàng 机械故障	běn cì hángbān qǔxiāo 本次航班取消
néngjiàndù tài dī 能见度太低	wǒmen de fēijī bù néng qǐfēi 我们的飞机不能起飞

四、选词填空 Choose the words to fill in the blanks.

zhùyì 注意	chéngkè 乘客	kāishǐ 开始	dào 到	cì 次	wǎng 往	cóng 从	dài 带

péngyoumen qǐng　　　　　　Běijīng fēi
________朋友们请________，________北京飞________

Niǔyuē de C líng líng bā jiǔ　　hángbān xiànzài　　dēng jī. Qǐng
纽约的 C 0089________航班现在________登机。请________

hǎo nín de xíngli wùpǐn,　　shí hào dēngjīkǒu dēng jī.
好您的行李物品，________10 号登机口登机。

五、完成对话 Complete the dialogues.

Nǐ hǎo! Qǐngwèn fēijī bú shì shí diǎn qǐfēi ma?
1. A：你好！请问飞机不是 10 点起飞吗？

B：____________________________。

Fēijī dàgài shénme shíhou qǐfēi?
2. A：飞机大概什么时候起飞？

B：____________________________。

3. A：________________________。

Duìbuqǐ, xiānsheng, fēijī yánwù de jùtǐ yuányīn wǒ yě bù qīngchu, wǒ zhè jiù qù wèn yíxià.
B：对不起，先生，飞机延误的具体原因我也不清楚，我这就去问一下。

Xiǎojie, wǒmen hái yào děng duō cháng shíjiān?
4. A：小姐，我们还要等多长时间？

B：________________________。

Xiànzài tiānqì qíngkuàng zěnmeyàng le?
5. A：现在天气情况怎么样了？

B：________________________。

六、完成句子 Complete the sentences.

1.（机上广播 Announcement）

chéngkè, xiànzài fēijī zhèngzài ______, qǐng nín zài zuòwèi shang zuòhǎo, ______。Yóuyú yánwù, wǒmen ______。

________乘客，现在飞机正在________，请您在座位上坐好，________。由于延误，我们________。

2.（机上广播 Announcement）

chéngkè, yóuyú ______ yuányīn, wǒmen de fēijī ______, qǐng dàjiā liàngjiě. Rúguǒ yǒu ______ de xiāoxi, wǒmen huì ______。

________乘客，由于________原因，我们的飞机________，请大家谅解。如果有________的消息，我们会________。

七、情景会话 Situational dialogue

一个学生扮演乘务员，另一个学生扮演乘客，用汉语表演乘务员向乘客解释航班延误原因并道歉。

One student plays the part of a flight attendant, and the other student plays the part of a passenger. Perform the scene of the flight attendant explaining reasons for flight delay and making apologies to the passenger.

补充词语 Supplementary Words 

1.	滑行	huáxíng	（动）	to slide, to taxi
2.	降落	jiàngluò	（动）	to land, to descend
3.	空中管制	kōngzhōng guǎnzhì		air control
4.	机械故障	jīxiè gùzhàng		mechanical stoppage
5.	能见度	néngjiàndù	（名）	visibility
6.	天气恶劣	tiānqì èliè		bad weather
7.	区域流量	qūyù liúliàng		regional flow
8.	航路拥挤	hánglù yōngjǐ		flight route congestion
9.	提供免费食宿	tígōng miǎnfèi shísù		providing free accommodation
10.	补班	bǔ//bān	（动）	supplementary flight

你知道吗？ Do you know it?

北京的名胜古迹

北京是中国的首都，也是古代众多朝代的都城，拥有悠久的历史和文化。北京主要的名胜古迹有故宫、长城、天坛、颐和园和圆明园等。

Gù Gōng
故宫
Imperial Palace

故宫，又称紫禁城，是明清两代的皇宫，是

Yíhé Yuán
颐和园
Summer Palace

皇帝居住和工作的地方。它是世界现存最大最完整的木质结构的古建筑群。故宫始建于1406年，面积约为72.5万平方米，房间8707间。如果一个人从出生就开始住这些房间，每天住一间房不重复，要住到24岁才能住遍。

Tiān Tán
天坛
Temple of Heaven

长城是中国古代多个王朝修建的用于军事防御的城墙，全长8851.8公里（即17703.6里），故称“万里长城”。两千多年以前，没有任何机械，全靠人力修筑的长城，是中国古代人民智慧的结晶，成为是中国的象征。

天坛始建于1420年，是皇帝祭天、祈谷的建筑，占地272万平方米，差不多是故宫的4倍。它集中国古代哲学、历史、数学、力学、美学和生态学于一身，是古代建筑的精品代表作。

Chángchéng
长城
Great Wall

圆明园和颐和园是闻名中外的皇家园林，以山水为主体，借助字画、匾额和楹联点景、抒情、寓意，园林含蓄、曲折、变化多端，建筑与山湖融为一体。

近年来，北京的“鸟巢”、水立方、国家大剧院等城市新建筑成为北京这一国际化大都市的新地标。

Niǎocháo
鸟巢
Bird’s Nest

Guójiā Dà Jùyuàn
国家大剧院
National Center for the Performing Arts

Shuǐ Lìfāng
水立方
Water Cube

Places of Interest in Beijing

Beijing is the capital of China and was the capital of several dynasties in ancient China. It has a long history and rich culture. The main places of interest include the Imperial Palace, the Great Wall, the Temple of Heaven, the Summer Palace and the Yuanmingyuan Imperial Garden, etc.

The Imperial Palace, also called the Forbidden City, was the royal palace of the Ming and Qing dynasties. It was the place where the emperors lived and worked. It is the biggest and best preserved ancient building complex of wooden structure in the world. Built in 1406, the palace has an area of about 725,000 square meters and 8,707 rooms. If a person starts to live in the Palace at his birth, changing to a different room each day, he will not have stayed in all the rooms in the Palace until he is 24 years old.

The Great Wall is the city wall built by ancient Chinese dynasties for military defense. It stretches 8851.8 kilometers, i.e. 17703.6 *li*, so it is called "the 10,000-*li* Great Wall". More than 2,000 years ago, when there was no mechanical equipment, the wall was built by manpower only. It is the crystallization of the wisdom of the ancient Chinese people and the symbol of China.

Built in 1420, the Temple of Heaven was a building used by the emperors to worship the heaven and pray for harvests. It has an area of 2,720,000 square meters, almost four times as large as the Imperial Palace. It is an epitome of ancient Chinese philosophy, history, mathematics, mechanics, aesthetics and ecology, and is an exquisite masterpiece of the ancient architecture.

Yuanmingyuan and the Summer Palace are world-famous royal gardens. With the landscape as the main body, they are embellished by calligraphic works, paintings, plaques and couplets, being lyrical and meaningful. The gardens are implicative, tortuous and various, with the buildings, hills and lakes blended into a harmonious whole.

Since recently, modern buildings like the Bird's Nest, the Water Cube and the National Center for the Performing Arts have become the landmarks of this international metropolitan city Beijing.

Fēijī Mǎshàng Jiù Yào Qǐfēi le

飞机马上就要起飞了

The Plane Is about to Take Off 09

Fēixíng ānquán jiàoyù
飞行安全教育
Flight safety education

• 重点句 • Key Sentences

Qǐng nín zài zuòwèi shang zuòhǎo, jìhǎo ānquándài, tiáozhí
1. 请您在座位上坐好，系好安全带，调直
zuòyǐ kàobèi, shōuqǐ xiǎo zhuōbǎn, dǎkāi zhēguāngbǎn.
座椅靠背，收起小桌板，打开遮光板。
Please be well seated, fasten your seat belt, make sure your seat back is in the upright position, lock the tray table and open the window shade.

Zài fēijī qǐfēi hé xiàjiàng de guòchéng zhōng, qǐng búyào
2. 在飞机起飞和下降的过程中，请不要
shǐyòng……
使用……
Please don't use… during the process of taking off and landing.

Běn cì hángbān quánchéng jìn yān.
3. 本次航班全程禁烟。
You are not allowed to smoke on this flight.

课文 → Texts

(一)

飞机马上就要起飞了，机上广播向乘客介绍注意事项。

The plane is to take off in a minute, and matters needing attention are broadcast in the announcement on the plane.

Nǚshìmen、xiānshengmen:
女士们、先生们：

Fēijī mǎshàng jiù yào qǐfēi le, xiànzài kècāng chéngwùyuán jìnxíng ānquán jiǎnchá.
飞机马上就要起飞了，现在客舱乘务员进行安全检查。
Qǐng nín zài zuòwèi shang zuòhǎo, jìhǎo ānquándài, tiáozhí zuòyǐ kàobèi , shōuqǐ xiǎo zhuōbǎn,
请您在座位上坐好，系好安全带，调直座椅靠背，收起小桌板，
dǎkāi zhēguāngbǎn. Wèile quèbǎo fēixíng jí tōngxùn xìtǒng de zhèngcháng gōngzuò , zài fēijī
打开遮光板。为了确保飞行及通讯系统的正常工作，在飞机
qǐfēi hé xiàjiàng de guòchéng zhōng, qǐng búyào shǐyòng shǒutí diànnǎo、MP sān děng diànzǐ shèbèi.
起飞和下降的过程中，请不要使用手提电脑、MP3等电子设备。
Zài zhěnggè hángchéng zhōng, qǐng búyào shǐyòng shǒujī、tiáopín shōuyīnjī děng diànzǐ shè-
在整个航程中，请不要使用手机、调频收音机等电子设
bèi. Běn cì hángbān quánchéng jìn yān, zài fēixíng tú zhōng, qǐng búyào xī yān. Xiànzài, wǒmen jiāng
备。本次航班全程禁烟，在飞行途中，请不要吸烟。现在，我们将
xiàng dàjiā yǎnshì jī shang shèbèi de shǐyòng.
向大家演示机上设备的使用。

（二）

飞机飞行平稳后，机上广播向乘客介绍飞行情况。

As the plane flies smoothly, the flight condition is broadcast to the passengers on the plane.

Nǚshìmen、xiānshengmen:
女士们、先生们：

Huānyíng nín chéngzuò Měiguó Dàlù Hángkōng Gōngsī yóu Niǔyuē qiánwǎng Běijīng de
欢迎您乘坐美国大陆航空公司由纽约前往北京的
C líng líng bā jiǔ cì hángbān. Yóu Niǔyuē zhì Běijīng de fēixíng jùlí shì liù qiān bābǎi yīshíqī gōnglǐ,
C 0089次航班。由纽约至北京的飞行距离是6817公里，
yùjì kōngzhōng fēixíng shíjiān shì shísān xiǎoshí sìshíwǔ fēnzhōng. Yùjì dàodá Běijīng Shǒudū
预计空中飞行时间是13小时45分钟。预计到达北京首都
Guójì Jīchǎng de shíjiān shì dāngdì shíjiān shíwǔ diǎn. Wǒmen xiànzài de fēixíng gāodù shì bā qiān
国际机场的时间是当地时间15点。我们现在的飞行高度是8000

mǐ, fēixíng sùdù shì měi xiǎoshí jiǔbǎi gōnglǐ. Běn cì hángbān de jīzǔ rényuán wéi shíliù míng,
米，飞行速度是每小时900公里。本次航班的机组人员为16名，
qízhōng chéngwùyuán shíwǔ míng, jīzhǎng yì míng. Wǒmen quántǐ jīzǔ rényuán jiāng jiéchéng wèi
其中乘务员15名，机长1名。我们全体机组人员将竭诚为
nín fúwù. Xièxie!
您服务。谢谢！

生词 → New Words 

1.	客舱	kècāng	（名）	passenger cabin
2.	乘务员	chéngwùyuán	（名）	steward, stewardess
3.	系	jì	（动）	to fasten
4.	安全带	ānquándài	（名）	safety belt
5.	调直	tiáo zhí		to straighten
6.	靠背	kàobèi	（名）	seat back
7.	小桌板	xiǎo zhuōbǎn		tray table
8.	遮光板	zhēguāngbǎn	（名）	window shade
9.	为了	wèile	（介）	for …
10.	确保	quèbǎo	（动）	to ensure
11.	通讯系统	tōngxùn xìtǒng		communication system
12.	下降	xiàjiàng	（动）	to descend
13.	电子设备	diànzǐ shèbèi		electronic device
14.	航程	hángchéng	（名）	flight, distance traveled
15.	禁烟	jìn yān		no smoking
16.	演示	yǎnshì	（动）	to show, to demonstrate
17.	前往	qiánwǎng	（动）	to leave for

18. 飞行距离	fēixíng jùlí		flight distance
19. 预计	yùjì	（动）	to expect, to estimate
20. 当地时间	dāngdì shíjiān		local time
21. 飞行高度	fēixíng gāodù		flight altitude
22. 飞行速度	fēixíng sùdù		flight speed
23. 机组人员	jīzǔ rényuán		flight crew
24. 机长	jīzhǎng	（名）	airline captain

专有名词　Proper Noun

北京首都国际机场	Běijīng Shǒudū Guójì Jīchǎng	Beijing Capital International Airport

注释 → Notes

● 为了确保飞行及通讯系统的正常工作，在飞机起飞和下降的过程中，请不要使用手提电脑、MP3 等电子设备。

为了 介词，表示目的。例如：

"为了……" is a preposition indicating purpose. For example,

① 为了您的安全，请系好安全带。 Wèile nín de ānquán, qǐng jìhǎo ānquándài.

② 为了不影响其他乘客，请您使用耳机。
Wèile bù yǐngxiǎng qítā chéngkè, qǐng nín shǐyòng ěrjī.

③ 做保健操是为了缓解您的旅途疲劳。
Zuò bǎojiàncāo shì wèile huǎnjiě nín de lǚtú píláo.

● 在飞机起飞和下降的过程中，请不要使用手提电脑、MP3 等电子设备。

请不要…… 表示劝阻。例如：

The expression "请不要……" indicates dissuasion. For example,

① 请不要把行李放在紧急出口。 Qǐng búyào bǎ xíngli fàngzài jǐnjí chūkǒu.

② 请您不要在飞机上走动，飞机马上就要起飞了。
Qǐng nín búyào zài fēijī shang zǒudòng, fēijī mǎshàng jiù yào qǐfēi le.

语法 → Grammar

● 飞机马上就要起飞了。

就要……了 表示即将发生的动作和事情。中间可插入动词或形容词，表示时间接近，或者很快就要出现某种情况。例如：

The structure "就要……了" indicates an action or thing that is about to take place. A verb or adjective can be inserted to indicate the time approaching or a certain situation that is about to appear. For example,

① 我就要到机场了。 Wǒ jiù yào dào jīchǎng le.

② 我们马上就要为您送餐了。 Wǒmen mǎshàng jiù yào wèi nín sòngcān le.

③ C 0089 次航班 8 点就要登机了。 C líng líng bā jiǔ cì hángbān bā diǎn jiù yào dēng jī le.

练习 → Exercises

一、跟读音节 Read the syllables after the recording.

bō—bó	pī—pǐ
mǎn—màn	féi—fēi
dáo—dǎo	tóu—tòu
nǎng—nāng	lěng—lèng
gě—gè	kòng—kōng
hèn—hén	jià—jiǎ

二、跟读词语，注意声调

Read the words and expressions after the recording, and pay attention to the tones.

kècāng chéngwùyuán 客舱乘务员	jìnxíng ānquán jiǎnchá 进行安全检查	zài zuòwèi shang zuòhǎo 在座位上坐好
jìhǎo ānquándài 系好安全带	tiáozhí zuòyǐ kàobèi 调直座椅靠背	shōuqǐ xiǎo zhuōbǎn 收起小桌板
dǎkāi zhēguāngbǎn 打开遮光板	quèbǎo zhèngcháng gōngzuò 确保正常工作	tōngxùn xìtǒng 通讯系统

diànzǐ shèbèi
电子设备

quánchéng jìn yān
全程禁烟

fēixíng jùlí
飞行距离

fēixíng shíjiān
飞行时间

dāngdì shíjiān
当地时间

fēixíng gāodù
飞行高度

fēixíng sùdù
飞行速度

jīzǔ rényuán
机组人员

jiéchéng wèi nín fúwù
竭诚为您服务

三、替换画线部分 Substitute the underlined parts. 

Fēijī mǎshàng jiù yào qǐfēi le.
1. 飞机马上就要起飞了。

xǐshǒujiān 洗手间	tíngzhǐ shǐyòng 停止使用
chéngwùyuán 乘务员	sòng yǐnliào 送饮料
cāngmén 舱门	guānbì 关闭
fēijī 飞机	jiàngluò 降落

Qǐng búyào shǐyòng shǒutí diànnǎo.
2. 请不要使用手提电脑。

zài fēijī shang zǒudòng 在飞机上走动
bǎ xíngli fàng zài jǐnjí chūkǒu 把行李放在紧急出口
fàngxià zhēguāngbǎn 放下遮光板
fàngxià xiǎo zhuōbǎn 放下小桌板

四、选词填空 Choose the words to fill in the blanks.

zhàn fàng zuòwèi guòdào búyào yǐngxiǎng yǐmiǎn
站 放 座位 过道 不要 影响 以免

Xíngli hǎo hòu, qǐng dàjiā zài zìjǐ de shang zuòhǎo, zài
1. 行李________好后，请大家在自己的________上坐好，________在

shang, hòumian de chéngkè dēng jī.
________上，______ ______后面的乘客登机。

rúguǒ diānbǒ yǒudiǎnr huì
如果 颠簸 有点儿 会

Zhège dàizi zhòng, fēijī dàizi diào xialai
2. 这个袋子________重，________飞机________，袋子掉下来

záshāng rén de.
________砸伤人的。

yóuyú liàngjiě gè wèi tiānqì jìxù duàn
由于 谅解 各位 天气 继续 段

chéngkè, qiánfāng yuányīn, wǒmen de fēijī xūyào
3. ________乘客，________前方________原因，我们的飞机需要

zài dìmiàn dòuliú yí shíjiān, qǐng dàjiā
________在地面逗留一________时间，请大家________。

五、完成句子 Complete the sentences.

（机上广播 Announcement）

__________：

Huānyíng nín chéngzuò Hángkōng Gōngsī yóu
欢迎您乘坐________________航空公司由________________

qiánwǎng de cì hángbān. Běn cì hángbān de
____________前往____________的________次航班。本次航班的

fēixíng jùlí shì　yùjì kōngzhōng fēixíng shíjiān shì　Yùjì
飞行距离是______，预计空中飞行时间是______。预计

dàodá　de shíjiān shì dāngdì shíjiān　Wǒmen xiànzài de fēixíng
到达______的时间是当地时间______。我们现在的飞行

gāodù shì　fēixíng sùdù shì　Běn cì hángbān de jīzǔ
高度是______，飞行速度是______。本次航班的机组

rényuán wéi　qízhōng chéngwùyuán　jīzhǎng yì míng.
人员为______，其中乘务员______，机长1名。

Wǒmen quántǐ jīzǔ rényuán jiāng　Xièxie!
我们全体机组人员将______。谢谢！

六、组成句子 Unscramble the sentences.

fēijī　xiànzài　pǎodào　děngdài　zhèngzài
1. 飞机　现在　跑道　等待　正在

______

dàoqiàn　nín　yóuyú　xiàng　yánwù　wǒmen
2. 道歉　您　由于　向　延误　我们

______

zuòhǎo　děngdài　qǐng　nàixīn　zài　zuòwèi shang　nín
3. 坐好　等待　请　耐心　在　座位上　您

______

bú shì……ma　tiānqì　wèi shénme　qǐfēi　hěn hǎo　bù
4. 不是……吗　天气　为什么　起飞　很好　不

______

xiāoxi　yǒu　rúguǒ　lìjí　wǒmen　tōngzhī　nín　huì
5. 消息　有　如果　立即　我们　通知　您　会

______

七、情景会话 Situational dialogue

请根据你的乘机经验，用汉语向大家作一次飞行前的安全教育或者飞行情况介绍。

Please give us some safety education before taking off or an account of a flight in Chinese according to your flight experience.

补充词语 Supplementary Words

1.	停止使用	tíngzhǐ shǐyòng		to disuse
2.	送	sòng	（动）	to send, to see sb. off
3.	走动	zǒudòng	（动）	to walk around
4.	驾驶舱	jiàshǐcāng	（名）	control cabin, cockpit
5.	洗手间	xǐshǒujiān	（名）	lavatory
6.	登机门	dēngjīmén	（名）	boarding gate
7.	非吸烟区	fēixīyānqū	（名）	non-smoking section
8.	枕头	zhěntou	（名）	pillow
9.	扶手	fúshǒu	（名）	handrail, armrest
10.	呼叫铃	hūjiàolíng	（名）	call button
11.	救生衣	jiùshēngyī	（名）	life jacket
12.	氧气面罩	yǎngqì miànzhào		oxygen mask
13.	灭火器	mièhuǒqì	（名）	fire extinguisher
14.	紧急滑梯	jǐnjí huátī		emergency slide

你知道吗？ Do you know it?

中国的著名媒体

中央电视台：简称央视，英文缩写为 CCTV，是中国的国家电视台。目前已形成以电视传播为主业，电影、互联网、报刊、音像出版相互支撑的多元格局。

中央人民广播电台：简称CNR，是中国国家广播电台，共14套无线广播节目，每天播音合计200多个小时。

新华通讯社：简称新华社，是中国政府官方的通讯社，提供实时文字新闻、经济信息、新闻图片图表等。在世界各地有100多个分社，是汉语媒体的主要新闻来源之一，同时使用英文、法文、西班牙文、俄文、阿拉伯文和葡萄牙文发稿。

《人民日报》：是中国共产党中央委员会的机关报，是中国最具权威性、最有影响力的全国性报纸。报纸及时准确、鲜明生动地宣传中国政府的最新政策、决定，深度报道国内外大事。《人民日报》海外版栏目众多，图文并茂，雅俗共赏，融知识性与可读性为一体，是海外了解中国、中国了解世界的窗口。

中国政府网（www.gov.cn）、新华网（www.xinhuanet.com）、人民网（www.people.com.cn）是中国最重要的官方网站，全天候不间断发布新闻信息及各个领域丰富多彩的信息。

Famous Media in China

China Central Television, CCTV for short, is the state television of China. Currently it has developed a pluralistic pattern with TV broadcasting as the main business and movies, Internet, newspapers, magazines and audio-visual publishing supporting one another.

China National Radio, CNR for short, is the state broadcasting station of China. It has a total of 14 sets of wireless radio programs, broadcasting altogether more than 200 hours every day.

Xinhua News Agency, Xinhua for short, is the official news agency of the Chinese government. It provides real-time text news, economic information, news photographs and diagrams, etc. It has more than 100 branches in the world. It is one of the main sources where other Chinese media get news, and distributes news dispatches in English, French, Spanish, Russian, Arabic and Portuguese at the same time.

The *People's Daily* is the official newspaper of the Central Committee of the Communist Party of China. It is the most authoritative and influential national newspaper in China. It publicizes the latest policies and decisions of the Chinese government accurately and vividly and gives a profound coverage of the important affairs at home and abroad.

The Chinese government net (www.gov.cn), Xinhua net (www.xinhuanet.com) and People's net (www.people.com.cn) are the most important official websites in China. They continuously release news and rich information in every field all day long.

10 Nín Xiǎng Hē Diǎnr Shénme
您想喝点儿什么
What Do You Want to Drink

10

Yǐnliào gōngyìng
饮料供应
Beverage service

• 重点句 • Key Sentences

Nín yào hóngchá háishi lǜchá?
1. 您要红茶还是绿茶？
Which kind of tea would you prefer, black tea or green tea?

Ràng nín jiǔ děng le, zhè shì nín yào de kāfēi.
2. 让您久等了，这是您要的咖啡。
I am sorry to have kept you waiting, and this is the coffee you want.

Chéngzhī huòzhě biéde yǐnliào kěyǐ ma?
3. 橙汁或者别的饮料可以吗？
Is orange juice or other beverage okay?

Qǐng bǎ zhège bēizi shōuzǒu ba.
4. 请把这个杯子收走吧。
Please take this glass away.

课文 → Texts

（一）

乘务员正在供应饮料。

The flight attendant is serving beverages.

（机上广播 Announcement）

Gè wèi chéngkè, wǒmen mǎshàng jiù yào wèi nín tígōng yǐnliào le. Qǐng nín fàngxià xiǎo zhuōbǎn. Wǒmen wèi nín zhǔnbèile gè zhǒng guǒzhī、chá、kāfēi jí kuàngquánshuǐ.

各位乘客，我们马上就要为您提供饮料了。请您放下小桌板。我们为您准备了各种果汁、茶、咖啡及矿泉水。

Xiānsheng, nín xiǎng hē diǎnr shénme?

乘务员： 先生，您想喝点儿什么？

Lái bēi rè chá ba.

乘客1： 来杯热茶吧。

Nín yào hóngchá háishi lǜchá?

乘务员： 您要红茶还是绿茶？

Hóngchá.

乘客1： 红茶。

Hǎo de, gěi nín. Xiǎoxīn tàng shǒu.

乘务员： 好的，给您。小心烫手。

（乘务员对另一位乘客说 The flight attendant speaks to another passenger）

Nà nín ne? Xūyào diǎnr shénme?

乘务员： 那您呢？需要点儿什么？

Wǒ yào yì bēi kāfēi.

乘客2： 我要一杯咖啡。

Duìbuqǐ, kāfēi yǐjīng méiyǒu le, qǐng nín shāo děng, yíhuìr gěi nín sòng guolai.

乘务员： 对不起，咖啡已经没有了，请您稍等，一会儿给您送过来。

Ràng nín jiǔ děng le, zhè shì nín yào de kāfēi.

……让您久等了，这是您要的咖啡。

（二）

Xiǎojie, zài gěi wǒ lái bēi píngguǒzhī.

乘客1： 小姐，再给我来杯苹果汁。

Duìbuqǐ, píngguǒzhī méiyǒu le. Chéngzhī huòzhě biéde yǐnliào kěyǐ ma?

乘务员： 对不起，苹果汁没有了。橙汁或者别的饮料可以吗？

Nà yào chéngzhī ba.

乘客1： 那要橙汁吧。

Nín xūyào jiā diǎnr bīngkuàir ma?
乘务员：您需要加点儿冰块儿吗？

Hǎo de, xièxie!
乘客1：好的，谢谢！

Xiǎojie, qǐng bǎ zhège bēizi shōuzǒu ba.
乘客2：小姐，请把这个杯子收走吧。

Hǎo de.
乘务员：好的。

生词 → New Words 

1.	提供	tígōng	（动）	to provide, to serve
2.	饮料	yǐnliào	（名）	beverage
3.	准备	zhǔnbèi	（动）	to prepare
4.	矿泉水	kuàngquánshuǐ	（名）	mineral water
5.	还是	háishi	（连）	or
6.	烫	tàng	（动）	to burn, to be hot
7.	久等	jiǔ děng		to wait long
8.	或者	huòzhě	（连）	or
9.	加	jiā	（动）	to add
10.	冰块儿	bīngkuàir	（名）	ice cube
11.	收走	shōu zǒu		to take away

注释 → Notes

● 来杯热茶吧。

来…… 表示做某个动作，代替意义更具体的动词。例如：

"来……" indicates doing something, and it is used to replace a verb with more specific meaning. For example,

① 小姐，给我来份报纸。（代替"拿"） Xiǎojie, gěi wǒ lái fèn bàozhǐ.

② 请给我来条毛毯。（代替"拿"） Qǐng gěi wǒ lái tiáo máotǎn.

语法 → Grammar

● 您要红茶还是绿茶？

还是 用于选择疑问句，并列几种情况提问，要求对方选择其中一个回答。例如：

"还是" is used in alternative questions. There are several paratactic options for the other party to choose from and answer with. For example,

① A：飞机两点起飞还是三点起飞？ Fēijī liǎng diǎn qǐfēi háishi sān diǎn qǐfēi?

B：两点起飞。 Liǎng diǎn qǐfēi.

② A：您喝咖啡还是（喝）茶？ Nín hē kāfēi háishi（hē）chá?

B：我喝咖啡。 Wǒ hē kāfēi.

③ A：您要靠窗的座位还是要靠通道的座位？

Nín yào kào chuāng de zuòwèi háishi yào kào tōngdào de zuòwèi?

B：靠窗的座位。 Kào chuāng de zuòwèi.

● 橙汁或者别的饮料。

或者 用于陈述句，表示选择。例如：

"或者" is used in a declarative sentence to indicate choice. For example,

① A：你喝什么？ Nǐ hē shénme?

B：茶或者咖啡都可以。 Chá huòzhě kāfēi dōu kěyǐ.

② A：你买什么时候的机票？ Nǐ mǎi shénme shíhou de jīpiào?

B：明天的或者后天的。 Míngtiān de huòzhě hòutiān de.

练习 → Exercises

一、跟读音节 Read the syllables after the recording.

jī—qī—xī　　zī—cī—sī

zhī—chī—shī—rì　　jià—qià—xià

zā—cā—sā　　zhá—chá—shá

jiǎo—qiǎo—xiǎo　　zǎo—cǎo—sǎo

zhāo—chāo—shāo—rào

二、跟读词语，注意声调

Read the words and expressions after the recording, and pay attention to the tones.

tígōng yǐnliào 提供饮料	gè zhǒng guǒzhī 各种果汁	lái bēi rè chá 来杯热茶	xiǎoxīn tàng shǒu 小心烫手
ràng nín jiǔ děng le 让您久等了	jiā diǎnr bīngkuàir 加点儿冰块儿	bǎ bēizi shōuzǒu 把杯子收走	

三、替换画线部分 Substitute the underlined parts.

Nín yào hóngchá háishi lǜchá?

1. A：您要红茶还是绿茶？

Hóngchá.

B：红茶。

yào tóuděngcāng 要头等舱	jīngjìcāng 经济舱
hē rè de 喝热的	liáng de 凉的
yào xiǎo miàn'é de 要小面额的	dà miàn'é de 大面额的
tuōyùn 托运	suíshēn dài 随身带

Wǒ hē chéngzhī huòzhě píngguǒzhī.
2. 我喝橙汁或者苹果汁。

yào jīntiān de piào 要今天的票	míngtiān de 明天的
gǎiqiān 改签	tuì piào 退票
yào kào chuāng de zuòwèi 要靠窗的座位	kào tōngdào de 靠通道的
kàn bàozhǐ 看报纸	tīng yīnyuè 听音乐

Lái bēi rè chá ba.
3. 来杯热茶吧。

fèn 份	bàozhǐ 报纸
tiáo 条	máotǎn 毛毯
gè 个	ěrjī 耳机
běn 本	zázhì 杂志

四、选词填空 Choose the words to fill in the blanks.

tiáozhí 调直　jiǎnchá 检查　shōuqǐ 收起　wèile 为了　dǎkāi 打开　jì 系　shǐyòng 使用　xiàjiàng 下降　búyào 不要　tōngxùn xìtǒng 通讯系统

Xiànzài chéngwùyuán jìnxíng ānquán ______. Qǐng nín zài zuòwèi shang zuòhǎo, ______ hǎo ānquándài, ______ zuòyǐ kàobèi, ______ xiǎo zhuōbǎn, ______ zhēguāngbǎn. ______ quèbǎo fēixíng hé ______ de zhèngcháng gōngzuò, zài fēijī qǐfēi hé ______

现在乘务员进行安全______。请您在座位上坐好，______好安全带，______座椅靠背，______小桌板，______遮光板。______确保飞行和______的正常工作，在飞机起飞和______

de guòchéng zhōng, qǐng　　　　　　shǒutí diànnǎo、MP sān děng diànzǐ shèbèi.　Zài zhěnggè
的过程中，请 ____________ 手提电脑、MP3 等电子设备。在整个

hángchéng zhōng, qǐng　　　　　　shǒujī.
航程中，请 ____________ 手机。

五、完成对话 Complete the dialogues.

Xiānsheng, nín xiǎng
1. 乘务员：先生，您想 ____________？

Lái　　　　　　ba.
乘　客：来 ____________ 吧。

Nín yào　　　　　　háishi
乘务员：您要 ____________ 还是 ____________？

乘　客：____________。

Hǎo de, gěi nín.　Xiǎoxīn
乘务员：好的，给您。小心 ____________。

Xiǎojie,　wǒ yào
2. 乘　客：小姐，我要 ____________。

Duìbuqǐ,　　　　　qǐng nín　　　　　yíhuìr
乘务员：对不起，________，请您 ________，一会儿 ________。

……

Ràng nín　　　　　　zhè shì
让您 ____________，这是 ____________。

六、组成句子 Unscramble the sentences.

wǒmen　fēijī　mǎshàng　de　jiù yào……le　qǐfēi
1. 我们　飞机　马上　的　就要……了　起飞

____

2. 为了(wèile) 安全(ānquán) 请(qǐng) 好(hǎo) 您的(nín de) 安全带(ānquándài) 系(jì)

____

3. 途中(tú zhōng) 飞行(fēixíng) 不要(búyào) 在(zài) 吸烟(xī yān) 请(qǐng)

____

4. 航班(hángbān) 禁烟(jìn yān) 全程(quánchéng) 本次(běn cì)

____

5. 我们(wǒmen) 服务(fúwù) 全体(quántǐ) 机组人员(jīzǔ rényuán) 为(wèi) 将(jiāng) 您(nín) 竭诚(jiéchéng)

____

七、情景会话 Situational dialogue

一个学生扮演乘务员，另一个学生扮演乘客，用汉语表演机上送饮料。

One student plays the part of a flight attendant, and the other student plays the part of a passenger. Perform the scene of serving beverages on the plane in Chinese.

补充词语 Supplementary Words

1.	凉	liáng	（形）	cold
2.	杂志	zázhì	（名）	magazine
3.	白酒	báijiǔ	（名）	liquor, spirit
4.	红酒	hóngjiǔ	（名）	red wine
5.	啤酒	píjiǔ	（名）	beer
6.	葡萄酒	pútaojiǔ	（名）	wine

7. 香槟酒	xiāngbīnjiǔ	（名）	champagne
8. 菊花茶	júhuāchá	（名）	chrysanthemum tea
9. 可乐	kělè	（名）	cola
10. 雪碧	Xuěbì	（专名）	Sprite
11. 椰子汁	yēzizhī	（名）	coconut milk
12. 酸梅汤	suānméitāng	（名）	plum juice
13. 凉茶	liángchá	（名）	herbal tea

你知道吗？ Do you know it?

中国名茶

中国是茶的故乡，产茶和喝茶的历史都很长。讲究喝茶的意趣是中国茶文化的灵魂。中国人喜欢以茶待客，表示敬意。由于茶，中国古代还产生了"茶礼"：男女双方定亲后、结婚前，男方送女方茶做聘礼。因为古人认为茶树只能下种，不能移植，所以取这个含义用在爱情婚姻上。中国茶分绿茶、红茶、花茶、乌龙茶、紧压茶等。中国很多地方都有名茶，如绿茶有西湖龙井、太湖碧螺春，红茶有云南滇红、安徽祁红，此外，福州和苏州的茉莉花茶、福建的乌龙茶和铁观音名气也都很大。

Famous Teas in China

China is the hometown of tea and has a long history of both producing and drinking tea. The delight of drinking tea is the soul of Chinese tea culture. Chinese people like to serve tea to their guests as a sign of respect. The ancient Chinese also created the "tea etiquette" based on tea: a man sent tea to his fiancee as a betrothal gift after engagement and before marriage.

As the ancient people thought that the tea plant could only be sowed but not transplanted, they used this implication in marriage. Chinese tea can be categorized into different types, such as green tea, black tea, scented tea, oolong tea and compressed tea. There are famous teas in many places in China, including the green teas like Longjing Tea of the West Lake and Biluochun of Taihu and the black teas like Dianhong of Yunnan and Qihong of Anhui. But for these, the jasmine tea in Fuzhou and Suzhou, and Oolong Tea and Tieguanyin Tea in Fujian all enjoy great fame.

复习二
Review Two

一、读拼音 Read the following *pinyin*. 

1. 读音节 Read the syllables.

dá	lè	nǐ	nǚ	jū	qí	xǐ	bù
bǔ	bái	tài	gǎi	gòu	māo	kàn	běi
mái	méi	bāo	kān	bāng	děng	huó	jié
qiǎo	xuě	zuǒ	chuàn	sháo	rèn	zī	cī
sī	zhī	chī	shī	rì	jiǎo	qiǎo	xiǎo
zào	cǎo	sào	zhāo	chāo	shāo		

2. 读古诗 Read the ancient poem.

Chūn mián bù jué xiǎo,
春眠不觉晓，

Chù chù wén tí niǎo.
处处闻啼鸟。

Yè lái fēng yǔ shēng,
夜来风雨声，

Huā luò zhī duō shǎo.
花落知多少。

（唐·孟浩然《春晓》）

二、读词语 Read the words and expressions. 

qǐng zhùyì 请注意	huānyíng nín 欢迎您	duì hào rù zuò 对号入座	zěnme bàn 怎么办
zěnme le 怎么了	bù hǎoyìsi 不好意思	méi wèntí 没问题	qǐng nín fàngxīn 请您放心

xiǎoxīn bǎocún 小心保存	qǐng děng yíhuìr 请等一会儿	qǐng liàngjiě 请谅解	lìjí tōngzhī 立即通知
nàixīn děngdài 耐心等待	xiàng nín dàoqiàn 向您道歉	fēijī yánwù 飞机延误	tiānqì hǎozhuǎn 天气好转
tígōng yǐnliào 提供饮料	xiǎoxīn tàng shǒu 小心烫手	ràng nín jiǔ děng le 让您久等了	

三、选择所给句子完成句子或对话

Choose the proper sentences to fill in the blanks.

Qǐng dàihǎo nín de xíngli wùpǐn, dào bā hào dēngjīkǒu dēng jī.
A. 请带好您的行李物品，到 8 号登机口登机。

Zài fēixíng tú zhōng, qǐng búyào xī yān.
B. 在飞行途中，请不要吸烟。

Qǐngwèn, zhè jiàn xíngli shì nǎ wèi chéngkè de?
C. 请问，这件行李是哪位乘客的？

Nǐn de zuòwèihào shì èrshí'èr A. Qǐng zǒu yòucè tōngdào, zuòwèi hào zài xínglijià shang.
D. 您的座位号是 22A。请走右侧通道，座位号在行李架上。

Xiǎojie, qǐng bǎ zhège bēizi shōuzǒu.
E. 小姐，请把这个杯子收走。

Xiānsheng, nín xiǎng hē diǎnr shénme?
F. 先生，您想喝点儿什么？

Nín kěyǐ fàng zài nín qiánmian de zuòyǐ xià.
G. 您可以放在您前面的座椅下。

Wǒmen de fēijī zhèngzài děngdài pǎodào, qǐng nín shāo děng yíhuìr.
H. 我们的飞机正在等待跑道，请您稍等一会儿。

Qǐngwèn, wǒ de zuòwèi zài nǎr?
1. A：请问，我的座位在哪儿？

B：________________________________。

Cóng Niǔyuē fēiwǎng Shànghǎi de C líng líng jiǔ èr cì hángbān xiànzài kāishǐ dēngjī,
2. 从纽约飞往上海的 C0092 次航班现在开始登机，______________。

Xiǎojie, xínglijià yǐjīng mǎn le, wǒ de xíngli zěnme bàn?
3. A：小姐，行李架已经满了，我的行李怎么办？
B：__________________________。

4. A：__________________________？

Zhè shì wǒ de xíngli, zěnme le?
B：这是我的行李，怎么了？

Xiǎojie, fēijī shénme shíhou qǐfēi?
5. A：小姐，飞机什么时候起飞？

B：__________________________。

Běn cì hángbān quánchéng jìn yān,
6. 本次航班全程禁烟，__________________________。

7. A：__________________________？

Wǒ yào yì bēi kāfēi.
B：我要一杯咖啡。

8. A：__________________________。

Hǎo de.
B：好的。

四、用所给的词语完成对话

Complete the dialogues with the given words and expressions.

1.（乘务员站在机舱门口 The flight attendant is standing at the door of the cabin）

A：____。（huānyíng 欢迎）

Xiàwǔ hǎo! Wǒ de zuòwèi zài nǎr?
B：下午好！我的座位在哪儿？

A：____。

dēngjīpái zǒu zài
（登机牌 走 在）

2.（一位乘客站在过道上 A passenger is standing in the aisle）

A：____。

zuòhǎo búyào yǐmiǎn
（坐好 不要 以免）

Wǒ de xíngli fàng zài zhèr xíng ma?
B：我的行李放在这儿行吗？

Duìbuqǐ,
A：对不起，________________________________。

bù néng kěyǐ
（不能 可以）

Hǎo de, xièxie.
B：好的，谢谢。

3.（时间到了，飞机还没起飞 It's time to take off, but the plane hasn't taken off）

Xiǎojie, wǒmen zěnme hái bù qǐfēi?
A：小姐，我们怎么还不起飞？

B：____。

yóuyú děngdài
（由于 等待）

Nà wǒmen yào děng duō cháng shíjiān?
A：那我们要等多长时间？

B：____。

qīngchu yánwù dàoqiàn
（清楚 延误 道歉）

4.（飞机起飞前，一位乘客在机舱里走动，一位乘客拉下遮光板睡觉 Before the plane takes off, one passenger is walking in the carbin, and another one is pulling down the window shade to have a sleep）

Xiānsheng,
A：先生，________________________________。

jiù yào……le　búyào
（就要……了　不要）

Bù hǎoyìsi.
B：不好意思。

Xiānsheng,
A：先生，________________________________。

tiáozhí　dǎkāi
（调直　打开）

Hǎo de.
C：好的。

5.（乘务员为乘客提供饮料　The flight attendant is serving drinks to the passengers）

hē
A：________________________________？（喝）

Wǒ yào yì bēi shuǐ.
B：我要一杯水。

háishi
A：________________________________？（还是）

Rè shuǐ.
B：热水。

Hǎo de.　gěi　xiǎoxīn
A：好的。________________________________。（给　小心）

五、请根据下面给出的信息作一次飞行情况介绍

Tell about the flight with the given information.

Zhōngguó Dōngfāng Hángkōng Gōngsī MU wǔ bā bā
- 中国东方航空公司 MU588

Niǔyuē shíliù diǎn sānshíwǔ fēn → Shànghǎi Pǔdōng shíjiǔ diǎn bàn
- 纽约 16:35 →上海浦东 19:30

fēixíng shíjiān: shísì xiǎoshí wǔshíwǔ fēnzhōng
- 飞行时间：14 小时 55 分钟

fēixíng jùlí: yíwàn yìqiān bābǎi qīshíqī gōnglǐ
- 飞行距离：11877km

jīzǔ rényuán: shíliù, jīzhǎng: yī
- 机组人员：16，机长：1

六、根据以下情景完成会话　Make conversations according to the given situations.

Chéngwùyuán huānyíng chéngkè
⇨ 乘务员欢迎乘客

yǐndǎo chéngkè zhǎo zuòwèi
⇨ 引导乘客找座位

bāngzhù chéngkè fàngzhì xíngli
⇨ 帮助乘客放置行李

jìnxíng qǐfēi qián de ānquán jiǎnchá
⇨ 进行起飞前的安全检查

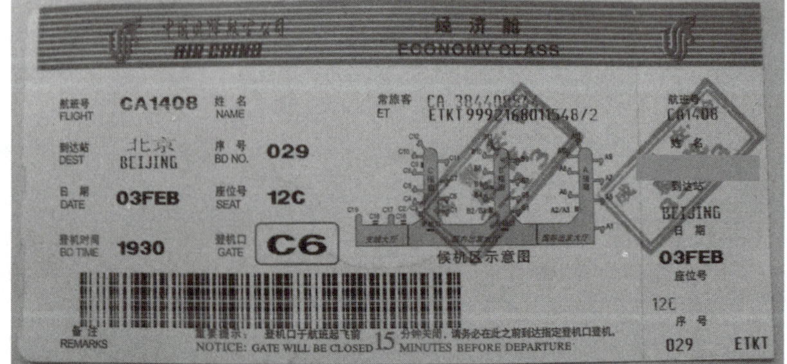

11 Zhè Shì Nín de Wǔcān, Qǐng Màn Yòng
这是您的午餐，请慢用
Here Is Your Lunch. Please Enjoy It

Zhèngcān gōngyìng
正餐供应
Meal service

11

• 重点句 •
Key Sentences

Wǒmen yǒu xīshì de hé zhōngshì de, nín xiǎng yào nǎ zhǒng?
1. 我们有西式的和中式的，您想要哪种？
We have both the Western style and the Chinese style. Which do you prefer?

Qǐng màn yòng.
2. 请慢用。
Please enjoy it.

Niúròu yǐjīng fāwán le.
3. 牛肉已经发完了。
There is no more beef to hand out.

Qǐng bāng wǒ dì gěi lǐmian de nà wèi chéngkè, xièxie.
4. 请帮我递给里面的那位乘客，谢谢。
Please help me pass this to the passenger inside. Thank you.

课文 → Texts 

（一）

Qǐngwèn, shénme shíhou gōngyìng wǔcān?
乘　客： 请问，什么时候供应午餐？

Qǐng shāo děng , wǒmen jiāng zài bàn xiǎoshí hòu gōngyìng wǔcān.
乘务员： 请稍等，我们将在半小时后供应午餐。

（半小时后，乘务员开始供应午餐　Half an hour later, the flight attendant begins to serve lunch）

Nín hǎo, xiānsheng! Wǒmen yǒu xīshì de hé zhōngshì de, nín xiǎng yào nǎ zhǒng?
乘务员：您好，先生！我们有西式的和中式的，您想要哪种？

Zhōngshì de yǒu shénme?
乘　客：中式的有什么？

Yǒu miàntiáo hé jiǎozi.
乘务员：有面条和饺子。

Xīshì de ne?
乘　客：西式的呢？

Yǒu jīròu、niúròu hé yúròu.
乘务员：有鸡肉、牛肉和鱼肉。

Wǒ yào niúròu.
乘　客：我要牛肉。

Hǎo de. Qǐng màn yòng.
乘务员：好的。请慢用。

……

Nín xūyào diǎnxin ma? Wǒmen yǒu bǐnggān hé dàngāo.
乘务员：您需要点心吗？我们有饼干和蛋糕。

Lái liǎng kuài dàngāo ba.
乘　客：来两块蛋糕吧。

（二）

一位靠窗的乘客想再要一份牛肉。

A passenger sitting by the window wants another serving of beef.

Xiǎojie, qǐng zài gěi wǒ yí fèn niúròu.
乘　客：小姐，请再给我一份牛肉。

Duìbuqǐ, xiānsheng, niúròu yǐjīng fāwán le. Jīròu kěyǐ ma?
乘务员：对不起，先生，牛肉已经发完了。鸡肉可以吗？

Kěyǐ.
乘　客：可以。

（乘务员对靠过道的乘客说 The flight attendant speaks to the passenger sitting next to the aisle）

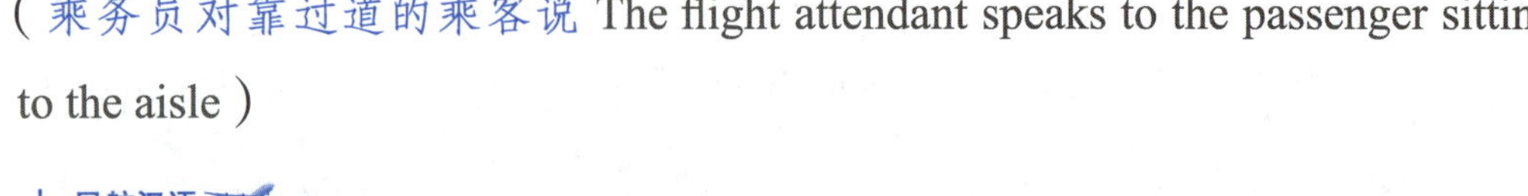

Xiǎojie, qǐng bāng wǒ dìgěi lǐmian de nà wèi chéngkè, xièxie.
乘务员： 小姐，请帮我递给里面的那位乘客，谢谢。

（用餐完毕 The meal is finished）

Xiānsheng, wǒ kěyǐ bǎ pánzi shōuzǒu ma?
乘务员： 先生，我可以把盘子收走吗？

Gěi nín, qǐng zài gěi wǒ jǐ zhāng cānjīnzhǐ.
乘　客： 给您，请再给我几张餐巾纸。

Hǎo de.
乘务员： 好的。

生词 → New Words 

1.	供应	gōngyìng	（动）	to serve, to supply
2.	将	jiāng	（副）	will
3.	西式	xīshì	（形）	Western-style
4.	中式	zhōngshì	（形）	Chinese-style
5.	面条	miàntiáo	（名）	noodles
6.	饺子	jiǎozi	（名）	Chinese dumpling
7.	鸡肉	jīròu	（名）	chicken
8.	牛肉	niúròu	（名）	beef
9.	鱼肉	yúròu	（名）	fish
10.	点心	diǎnxin	（名）	dessert, refreshments
11.	饼干	bǐnggān	（名）	biscuit
12.	蛋糕	dàngāo	（名）	cake
13.	发	fā	（动）	to hand out
14.	递	dì	（动）	to pass, to hand over
15.	餐巾纸	cānjīnzhǐ	（名）	paper napkin

注释 → Notes

● 请慢用。

请慢用。 这是在饭馆里或者飞机上，服务员或乘务员送餐后对客人说的礼貌用语。例如：

It is a kind of polite expression used by the waitor/waitress in a restaurant or the attendant on an aircraft after serving a meal to a customer or passenger. For example,

① 这是您要的牛肉，请慢用。 Zhè shì nín yào de niúròu, qǐng màn yòng.

② 这是您要的果汁，请慢用。 Zhè shì nín yào de guǒzhī, qǐng màn yòng.

● 请帮我递给里面的那位乘客。

动词 + "给" 表示动作的指向。例如：

Verb + "给"：It indicates the target of an action. For example,

交给空姐 jiāogěi kōngjiě

拿给乘客 nágěi chéngkè

送给朋友 sònggěi péngyou

语法 → Grammar

● 西式的呢?

……呢? 是省略问句。

This structure is an elliptical interrogative sentence.

（1）在没有上下文的情况下，问的是处所。例如：

When there is no context described, it is the location that is asked. For example,

① 我的行李呢? Wǒ de xíngli ne?

（= 我的行李在哪儿? Wǒ de xíngli zài nǎr? ）

② 你的机票呢? Nǐ de jīpiào ne?

（= 你的机票在哪儿? Nǐ de jīpiào zài nǎr? ）

（2）有上下文时，问的是上文出现过的问题。例如：

When there is some context, it is the above-mentioned question that is asked. For example,

A：这是谁的包? Zhè shì shéi de bāo?

B：我的。 Wǒ de.

A：那个呢？（那个包是谁的？） Nàge ne?（Nàge bāo shì shéi de?）

B：是我朋友的。 Shì wǒ péngyou de.

练习 → Exercises

一、跟读音节 Read the syllables after the recording. 

jiū—qiū—xiū	zòu—cǒu—sǒu
zhōu—chōu—shōu—ròu	jiǎn—qiǎn—xiǎn
zàn—càn—sàn	zhǎn—chǎn—shǎn—rǎn
jiǎng—qiǎng—xiǎng	zāng—cāng—sāng
zhàng—chàng—shàng—ràng	jiǒng—qióng—xióng
zōng—cōng—sōng	zhǒng—chóng—róng

二、跟读词语，注意声调

Read the words and expressions after the recording, and pay attention to the tones.

shénme shíhou 什么时候	gōngyìng wǔcān 供应午餐	qǐng màn yòng 请慢用
yǐjīng fāwán le 已经发完了	dìgěi chéngkè 递给乘客	

三、替换画线部分 Substitute the underlined parts.

Qǐngwèn, shénme shíhou gōngyìng wǔcān?
1. 请问，什么时候供应午餐？

kāishǐ dēng jī
开始登机

qǐfēi
起飞

dào Běijīng
到北京

sòng yǐnliào
送饮料

Wǒmen jiāng zài bàn xiǎoshí hòu gōngyìng wǔcān.

2. 我们将在半小时后供应午餐。

fēijī 飞机	èrshí fēnzhōng hòu jiàngluò 二十分钟后降落
wèishēngjiān 卫生间	shí fēnzhōng hòu guānbì 十分钟后关闭
wǒmen 我们	qī diǎn bàn dǐdá Běijīng 七点半抵达北京
gèrén yúlè xìtǒng 个人娱乐系统	shí fēnzhōng hòu kāiqǐ 十分钟后开启

Wǒmen yǒu xīshì de hé zhōngshì de, nín xiǎng yào nǎ zhǒng?

3. 我们有西式的和中式的，您想要哪种？

niúròu 牛肉	jīròu 鸡肉
hóngchá 红茶	lǜchá 绿茶
Zhōngwén de 中文的	Yīngwén de 英文的
liáng de 凉的	rè de 热的

Qǐng dìgěi lǐmian de nà wèi chéngkè.

4. 请递给里面的那位乘客。

sòng 送	wǒ de péngyou 我的朋友
jiāo 交	nàge jǐngchá 那个警察
jiè 借	nà wèi xiānsheng 那位先生
huán 还	chéngwùyuán 乘务员

四、选词填空 Choose the words to fill in the blanks.

ānquándài	tàng shǒu	diànzǐ shèbèi	tígōng	jiù yào	yùjì	jiǔ děng	háishi
安全带	烫手	电子设备	提供	就要	预计	久等	还是

Fēijī mǎshàng ______ qǐfēi le.
1. 飞机马上 ______ 起飞了。

Gěi nín. Xiǎoxīn ______.
2. 给您。小心 ______。

Nín yào hóngchá ______ lǜchá?
3. 您要红茶 ______ 绿茶？

Qǐng nín jìhǎo ______, tiáozhí zuòyǐ kàobèi.
4. 请您系好 ______，调直座椅靠背。

Zài fēijī qǐfēi hé xiàjiàng de guòchéng zhōng, qǐng búyào shǐyòng ______.
5. 在飞机起飞和下降的过程中，请不要使用 ______。

______ kōngzhōng fēixíng shíjiān shì sān xiǎoshí sìshíwǔ fēnzhōng.
6. ______ 空中飞行时间是 3 小时 45 分钟。

Wǒmen mǎshàng jiù yào wèi nín ______ yǐnliào le.
7. 我们马上就要为您 ______ 饮料了。

Ràng nín ______ le, zhè shì nín yào de kāfēi.
8. 让您 ______ 了，这是您要的咖啡。

五、完成对话 Complete the dialogues.

Qǐngwèn, shénme shíhou ______?
1. 乘　客：请问，什么时候 ______？

Qǐng shāo děng, wǒmen jiāng ______.
乘务员：请稍等，我们将 ______。

（半小时后，乘务员开始供应午餐 Half an hour later, the flight attendant begins to serve lunch）

Nín hǎo, xiānsheng! Wǒmen yǒu ______, nín xiǎng yào nǎ zhǒng?
乘务员：您好，先生！我们有 ______，您想要哪种？

Wǒ yào
乘　客：我要 ________________。

Hǎo de,
乘务员：好的，________________。

Xiǎojie, qǐng zài
3. 乘　客：小姐，请再 ________________。

Duìbuqǐ, xiānsheng, kěyǐ ma?
乘务员：对不起，先生，______________。______________可以吗？

Kěyǐ.
乘　客：可以。

……

Xiānsheng, wǒ néng bǎ pánzi
乘务员：先生，我能把盘子 __________________________？

Gěi nín, xièxie.
乘　客：给您，谢谢。

六、组成句子 Unscramble the sentences.

le　fā　jīròu　wán　yǐjīng
1. 了　发　鸡肉　完　已经

____

shí fēnzhōng hòu　gōngyìng　wǒmen　wǎncān　jiāng　zài
2. 十分钟后　供应　我们　晚餐　将　在

____

xūyào　bīngkuàir　ma　nín　jiā diǎnr
3. 需要　冰块儿　吗　您　加点儿

____

4. zhège 这个　bǎ 把　qǐng 请　bēizi 杯子　ba 吧　shōuzǒu 收走

____

5. fēixíng jùlí 飞行距离　hángbān de 航班的　běn cì 本次　liùqiān bābǎi yīshíqī gōnglǐ 6817 公里　shì 是

____

七、情景会话 Situational dialogue

一个学生扮演乘务员，另一个学生扮演乘客，用汉语表演机上送餐的情景。

One student plays the part of a flight attendant, and the other student plays the part of a passenger. Perform the scene of serving food on the plane in Chinese.

补充词语 Supplementary Words

1.	个人娱乐系统	gèrén yúlè xìtǒng		personal entertainment system
2.	开启	kāiqǐ	（动）	to open up
3.	警察	jǐngchá	（名）	police
4.	借	jiè	（动）	to borrow, to lend
5.	还	huán	（动）	to return
6.	沙拉	shālā	（名）	salad
7.	甜点	tiándiǎn	（名）	dessert
8.	黄油	huángyóu	（名）	butter
9.	果酱	guǒjiàng	（名）	jam
10.	糖	táng	（名）	sugar
11.	盐	yán	（名）	salt
12.	咖喱	gālí	（名）	curry

13. 面包	miànbāo	（名）	bread
14. 芝士	zhīshì	（名）	cheese
15. 冰淇淋	bīngqílín	（名）	ice cream
16. 火腿	huǒtuǐ	（名）	ham
17. 香肠	xiāngcháng	（名）	sausage
18. 辣椒	làjiāo	（名）	chili
19. 玉米	yùmǐ	（名）	corn
20. 筷子	kuàizi	（名）	chopsticks
21. 刀	dāo	（名）	knife
22. 叉子	chāzi	（名）	fork
23. 勺子	sháozi	（名）	spoon
24. 素食	sùshí	（名）	vegetarian food

你知道吗？ Do you know it?

中国的菜系

中国是一个餐饮文化大国。中国地域辽阔，各地的地理环境、物产气候、文化传统和生活习惯不同，人们的口味也各不相同。南方人口味清淡，北方人口味较重，四川人喜欢吃辣，山西人喜欢吃酸，形成了各具地方风味特色的菜系。其中，粤菜、川菜、鲁菜、淮扬菜、浙菜、闽菜、湘菜、徽菜被称为“八大菜系”。中国“八大菜系”的烹调技艺各具风韵，其菜肴特色也各有千秋。

Chinese Cuisines

China is a great country with rich cuisine culture. As China is large in area, people living here have different tastes due to the different geographical environments, products, climates, cultural traditions and living habits. The taste of the southerners is light, while that of the northerners is heavier; Sichuan people prefer spicy food, while Shanxi people prefer sour food.

In this way, cuisines with different local flavors have been formed in China. Among them, Cantonese cuisine, Sichuan cuisine, Shandong cuisine, Huaiyang cuisine, Zhejiang cuisine, Fujian cuisine, Hunan cuisine and Anhui cuisine together are called "the major eight Chinese cuisines", each of which has its own distinctive features concerning the cooking skills and flavors.

☺ 你知道这些中国食品的名称吗？

Do you know these food in Chinese?

饺子	jiǎozi	Chinese dumpling	汤圆	tāngyuán	glutinous rice ball
粽子	zòngzi	traditional Chinese rice-pudding	月饼	yuèbing	moon cake
粥	zhōu	porridge	油条	yóutiáo	deep-fried twisted dough stick
馄饨	húntun	wonton	豆浆	dòujiāng	soya-bean milk
包子	bāozi	steamed stuffed bun	面条	miàntiáo	noodles
馒头	mántou	steamed bun	馅饼	xiàn(r)bǐng	meat pie
火锅	huǒguō	hot pot	烤鸭	kǎoyā	roast duck

☺ 你喜欢吃这些中国菜吗？

Do you like these Chinese dishes?

糖醋里脊	tángcù lǐji	sweet and sour pork
宫保鸡丁	gōngbǎo jīdīng	kung pao chicken
麻婆豆腐	mápó dòufu	Ma Po bean curd
腰果虾仁	yāoguǒ xiārén (r)	fried shrimps with cashew nuts
鱼香肉丝	yúxiāng ròusī	shredded pork with garlic sauce

12 Shì Wǒ Nòngcuò le，Shízài Bàoqiàn
是我弄错了，实在抱歉
It Is My Mistake, and I Am Really Sorry

Dàoqiàn
道歉
Making an apology

12

• 重点句 •
Key Sentences

Qǐng guòlai yíxià.
1. 请过来一下。
Please come over here.

Zhēn bù hǎoyìsi! Wǒ mǎshàng qù ná máojīn gěi nín cā yíxià.
2. 真不好意思！我马上去拿毛巾给您擦一下。
I am really sorry. I'll get a towel right now and wipe it for you.

Méi shìr，suàn le ba.
3. 没事儿，算了吧。
I'm fine. Never mind.

课文 → Texts

（一）

Xiǎojie，qǐng guòlai yíxià.
乘　客：小姐，请过来一下。

Nín hǎo! Nín yǒu shénme xūyào?
乘务员：您好！您有什么需要？

Wǒ yào de shì niúròu，zhè zěnme shì jīròu ne?
乘　客：我要的是牛肉，这怎么是鸡肉呢？

Ā，duìbuqǐ，shì wǒ nòngcuò le，wǒ zhè jiù qù gěi nín huàn yí fèn. Shízài bàoqiàn.
乘务员：啊，对不起，是我弄错了，我这就去给您换一份。实在抱歉。

Méi guānxi.
乘　客：没关系。

（二）

Xiǎojie, gěi wǒ lái bēi rè shuǐ hǎo ma?
乘　客：小姐，给我来杯热水好吗？

Hǎo de, gěi nín.
乘务员：好的，给您。

（乘务员不小心把热水洒在乘客身上 The flight attendant accidentally spills the hot water on the passenger）

Āiyā!
乘　客：哎呀！

Duìbuqǐ, shízài duìbuqǐ!
乘务员：对不起，实在对不起！

Nǐ zěnme zhème bù xiǎoxīn!
乘　客：你怎么这么不小心！

Zhēn bù hǎoyìsi! Tàngzháo nín le ma? Xūyào gěi nín shàng diǎnr yào ma?
乘务员：真不好意思！烫着您了吗？需要给您上点儿药吗？

Méi shìr, suàn le ba. Xià cì xiǎoxīn diǎnr.
乘　客：没事儿，算了吧。下次小心点儿。

Zhēn bàoqiàn! Wǒ mǎshàng qù ná máojīn gěi nín cā yíxià. Zài gěi nín ná yì bēi rè shuǐ.
乘务员：真抱歉！我马上去拿毛巾给您擦一下。再给您拿一杯热水。

生词 → New Words

1. 过来	guòlai	（动）	to come over
2. 弄错	nòng cuò		to make a mistake
3. 实在	shízài	（副）	really
4. 哎呀	āiyā	（叹）	ouch

5. 小心	xiǎoxīn	（形）	careful
6. 上药	shàng//yào	（动）	to apply medicine
7. 没事儿	méi shìr		I'm fine
8. 算了	suàn le		never mind, forget it
9. 下次	xià cì		next time
10. 毛巾	máojīn	（名）	towel
11. 擦	cā	（动）	to wipe

注释 → Notes

● 我要的是牛肉，这怎么是鸡肉呢？

怎么 表示询问原因，相当于“为什么”。例如：

“怎么”, used to ask about reasons, is equivalent to “why”. For example,

① 飞机怎么还不起飞？ Fēijī zěnme hái bù qǐfēi?

② 怎么只有全价票呢？ Zěnme zhǐ yǒu quánjiàpiào ne?

③ 你的行李怎么这么多？ Nǐ de xíngli zěnme zhème duō?

● 对不起，是我弄错了。

弄 代表一些动词，有“做”“干”“办”等意思，具体意思要根据语境推断。例如：

“弄” can represent certain verbs, and has meanings like “做” (do, make), “干” (do) and “办” (handle). Its specific meaning needs to be inferred according to the context. For example,

① 他的衣服弄上咖啡了。（洒 spill） Tā de yīfu nòngshang kāfēi le.

② 我的护照弄丢了。（放 place） Wǒ de hùzhào nòngdiū le.

③ 我的行李弄好了。（整理 arrange） Wǒ de xíngli nònghǎo le.

● 烫着您了吗？

动词 +“着”（zháo） 表示动作达到了目的或有了结果。例如：

Verb +“着”（zháo）: It indicates the purpose of an action is achieved or an action leads to a certain result. For example,

① 我买着机票了。 Wǒ mǎizháo jīpiào le.

② 你找着护照了吗？ Nǐ zhǎozháo hùzhào le ma?

③ 我碰着您了吗？ Wǒ pèngzháo nín le ma?

练习 → Exercises

一、跟读音节 Read the syllables after the recording. 

bān—bāng	pén—péng	mín—míng
dǎn—dǎng	nèn—néng	lìn—lìng
gàn—gàng	kěn—kēng	jīn—jīng
jiàn—jiàng	qián—qiáng	xiān—xiāng
nián—niáng	liàn—liàng	guǎn—guǎng
kuān—kuāng	huàn—huàng	zhuàn—zhuàng
chuǎn—chuǎng	shuān—shuāng	

二、跟读词语，注意声调

Read the words and expressions after the recording, and pay attention to the tones.

guòlai yíxià 过来一下	nòngcuò le 弄错了	gěi nín huàn yí fèn 给您换一份	shízài bàoqiàn 实在抱歉
bù xiǎoxīn 不小心	zhēn bù hǎoyìsi 真不好意思	tàngzháo 烫着	shàng diǎnr yào 上点儿药
méi shìr 没事儿	suàn le ba 算了吧	xiǎoxīn diǎnr 小心点儿	cā yíxià 擦一下

三、替换画线部分 Substitute the underlined parts.

Nǐ zěnme zhème bù xiǎoxīn!
1. 你怎么这么不小心！

fēijī 飞机	diānbǒ 颠簸
tiānqì 天气	chà 差
shíjiān 时间	cháng 长
jīpiào 机票	piányi 便宜

Wǒ zhè jiù qù gěi nín huàn yí fèn.
2. 我这就去给您换一份。

gěi nín sònglai 给您送来
gěi nín chá 给您查
qù tuōyùn xíngli 去托运行李
dào jīchǎng 到机场

Gěi nín shàng diǎnr yào.
3. 给您上点儿药。

ná tiáo máotǎn 拿条毛毯
jiā diǎnr guǒzhī 加点儿果汁
huàn bēi rè shuǐ 换杯热水
quèrèn hángbān xìnxī 确认航班信息

四、连线，组成对话 Match the sentences in the two columns to make dialogues.

Nín xiǎng hē diǎnr shénme? 1. A：您想喝点儿什么？	Yǒu miàntiáo hé jiǎozi. 6. B：有面条和饺子。
Zhōngshì de yǒu shénme? 2. A：中式的有什么？	Hǎo de，qǐng màn yòng. 7. B：好的，请慢用。
Nín xūyào diǎnxin ma? 3. A：您需要点心吗？	Lái bēi rè chá ba. 8. B：来杯热茶吧。
Xiǎojie，gěi wǒ lái bēi kāfēi. 4. A：小姐，给我来杯咖啡。	Lái liǎng kuài dàngāo ba. 9. B：来两块蛋糕吧。
Xīshì de ne? 5. A：西式的呢？	Yǒu jīròu hé niúròu. 10. B：有鸡肉和牛肉。

五、完成对话 Complete the dialogues.

1. 乘　客：Xiǎojie，qǐng
小姐，请 ______________________。

乘务员：Nín hǎo!
您好！______________________？

乘　客：Wǒ yào de shì ... zhè zěnme shì ... ne?
我要的是 ______________，这怎么是 ______________呢？

乘务员：Ā，duìbuqǐ，... wǒ zhè jiù qù ... shízài bàoqiàn.
啊，对不起，__________，我这就去 __________，实在抱歉。

乘　客：______________________________。

2. 乘　客：Xiǎojie，gěi wǒ ... hǎo ma?
小姐，给我 ______________________ 好吗？

乘务员：Hǎo de.
好的。

……

Āiyā!

乘　客： 哎呀！

乘务员： ____！

Nǐ zěnme zhème bù xiǎoxīn!

乘　客： 你怎么这么不小心！

乘务员： ____________________！____________________？

Méi shìr, suàn le ba. Xià cì xiǎoxīn diǎnr.

乘　客： 没事儿，算了吧。下次小心点儿。

六、组成句子 Unscramble the sentences.

zài　wǒ　niúròu　gěi　lái　fēn　qǐng

1. 再　我　牛肉　给　来　份　请

____

bù xiǎoxīn　nǐ　zhème　zěnme

2. 不小心　你　这么　怎么

____

lǐmian de　qǐng　bāng wǒ　nà wèi　dì gěi　chéngkè

3. 里面的　请　帮我　那位　递给　乘客

____

pánzi　wǒ　bǎ　shōuzǒu　ma　kěyǐ

4. 盘子　我　把　收走　吗　可以

____

jǐ zhāng　zài　qǐng　cānjīnzhǐ　gěi wǒ

5. 几张　再　请　餐巾纸　给我

____

七、情景会话 Situational dialogue

一个学生扮演乘务员，另一个学生扮演乘客，表演乘务员在飞机上服务失误，然后向乘客道歉。

One student plays the part of a flight attendant, and the other student plays the part of a passenger. Perform the scene where the attendant makes a mistake and makes an apology to the passenger in Chinese.

补充词语 Supplementary Words

1. 丢	diū	（动）	to lose
2. 碰	pèng	（动）	to touch
3. 确认	quèrèn	（动）	to make sure
4. 信息	xìnxī	（名）	information

你知道吗？ Do you know it?

孔 子

中国传统文化深受孔子儒家思想的影响。孔子（前551年～前479年），名丘，字仲尼，是春秋末期伟大的思想家、政治家和教育家，儒家学派创始人，世界最著名的文化名人之一。他编撰了中国第一部编年体史书《春秋》。他一生大部分时间都是从事教育，相传所收弟子多达三千人，教出有才德的贤人72人。他的很多思想在今天看来也很有价值，比如，他主张“仁”（仁爱）和“礼”（礼仪），在教育上他主张因材施教。孔子的言行被他的弟子们收集在《论语》一书中。

Confucius

The traditional Chinese culture is deeply influenced by Confucianism. Confucius (551 BC~

479 BC), whose given name was Qiu and courtesy name was Zhongni, was a great thinker, statesman and educator in the later years of the Spring and Autumn period. He was the original founder of Confucianism and one of the famous cultural giants in the world. Confucius compiled *The Spring and Autumn Annals*, the first historical annals in the Chinese history. He devoted most of his life to education, and is said to have had more than 3,000 disciples, of whom 72 became distinguished scholars. Many of his ideas are still very valuable today. For example, he held such values as *ren* (benevolence) and *li* (etiquette), and emphasized individualized teaching. Confucius' words and deeds are included in the book *The Analects of Confucius* by his disciples.

孔子名言摘选 Famous Quotes by Confucius 

- 有朋自远方来，不亦乐乎？ Yǒu péng zì yuǎnfāng lái, bú yì lè hū?
  Isn't it a delightful thing to have friends coming from afar?
- 三人行，必有我师焉。 Sān rén xíng, bì yǒu wǒ shī yān.
  Among any three people walking, I will find something to learn for sure.
- 己所不欲，勿施于人。 Jǐ suǒ bú yù, wù shī yú rén.
  Don't do unto others what you don't want others do unto you.
- 温故而知新。 Wēn gù ér zhī xīn.
  Study the past, if you would define the future.
- 礼之用，和为贵。 Lǐ zhī yòng, hé wéi guì.
  Harmony is the essential part of ritual applications.

13 Nín Kěnéng Yùnjī le
您可能晕机了
You Are Probably Airsick

13

Wèi huànbìng chéngkè fúwù
为患病乘客服务
Providing services for sick passengers

• 重点句 • Key Sentences

Shì nín àn de hūjiàolíng ma?
1. 是您按的呼叫铃吗？
Did you just press the call button?

Nà jiù máfan nǐ le.
2. 那就麻烦你了。
I really appreciate your help.

Nín gǎnjué hǎo diǎnr le ma?
3. 您感觉好点儿了吗?
Are you feeling better now?

Rúguǒ nǎ wèi chéngkè shì yīshēng huò hùshi, qǐng mǎshàng yǔ chéngwùyuán liànxì.
4. 如果哪位乘客是医生或护士，请马上与乘务员联系。
If any of you are a doctor or nurse, please contact the cabin crew immediately.

课文 → Texts

（一）

一位乘客按了呼叫铃。

A passenger presses the call button.

Xiǎojie, shì nín àn de hūjiàolíng ma?　Nín yǒu shénme xūyào ma?
乘务员： 小姐，是您按的呼叫铃吗？您有什么需要吗？

Wǒ tóu yūn, ěxin,　hěn nánshòu.
乘　客： 我头晕，恶心，很难受。

Nín kěnéng yùnjī le.　Wǒ qù gěi nín ná yùnjīyào ba.
乘务员： 您可能晕机了。我去给您拿晕机药吧。

Nà jiù máfan nǐ le.
乘　客： 那就麻烦你了。

Rúguǒ nín xiǎng tù, qiánfāng zuòwèi hòu yǒu qīngjiédài.
乘务员： 如果您想吐，前方座位后有清洁袋。

（乘客吃药后 After the passenger has taken the medicine）

Xiǎojie,　nín gǎnjué hǎo diǎnr le ma?
乘务员： 小姐，您感觉好点儿了吗？

Wǒ háishi bù shūfu.
乘　客： 我还是不舒服。

Wǒ fú nín dào qiáncāng ba, nàr yǒu xiē kòng zuòwèi , nín kěyǐ tǎng yíxià.
乘务员： 我扶您到前舱吧，那儿有些空座位，您可以躺一下。

Xièxie.
乘　客： 谢谢。

Rúguǒ nín háishi gǎnjué bù shūfu, wǒmen kěyǐ wèi nín guǎngbō zhǎo yí wèi yīshēng.
乘务员： 如果您还是感觉不舒服，我们可以为您广播找一位医生。

（二）

（机上广播 Announcement）

Gè wèi nǚshì、gè wèi xiānsheng, qǐng zhùyì: Xiànzài fēijī shang yǒu wèi chéngkè shēntǐ búshì,　rúguǒ nǎ wèi chéngkè shì yīshēng huò hùshi, qǐng mǎshàng yǔ chéngwùyuán liánxì.　Duì nín de bāngzhù, wǒmen shēn biǎo xièyì.

各位女士、各位先生，请注意：现在飞机上有位乘客身体不适，如果哪位乘客是医生或护士，请马上与乘务员联系。对您的帮助，我们深表谢意。

生词 → New Words

1.	呼叫铃	hūjiàolíng	（名）	call button
2.	头晕	tóu yūn		to be dizzy
3.	恶心	ěxin	（形）	nauseated
4.	难受	nánshòu	（形）	awful, uncomfortable
5.	晕机	yùn//jī	（动）	to be airsick
6.	吐	tù	（动）	to vomit
7.	清洁袋	qīngjiédài	（名）	airsickness bag
8.	感觉	gǎnjué	（动）	to feel
9.	舒服	shūfu	（形）	well, comfortable
10.	扶	fú	（动）	to support with the hand
11.	空	kòng	（形）	empty
12.	躺	tǎng	（动）	to lie on one's back
13.	医生	yīshēng	（名）	doctor
14.	不适	búshì	（形）	unwell
15.	护士	hùshi	（名）	nurse
16.	联系	liánxì	（动）	to contact
17.	帮助	bāngzhù	（动）	to help
18.	深表	shēn biǎo		to sincerely express
19.	谢意	xièyì	（名）	gratitude

注释 → Notes

● 那就麻烦你了。

麻烦你了　在即将得到对方的帮助或已经得到帮助后表示感激的客气话。例如：

It is a polite expression used to express gratitude before or after getting help from the other party. For example,

乘务员：我去给您拿条毛毯吧。　　Wǒ qù gěi nín ná tiáo máotǎn ba.

乘　客：那就麻烦你了。　　Nà jiù máfan nǐ le.

语法 → Grammar

● 是您按的呼叫铃吗？

是……的　在这里强调已经发生或完成的动作的时间、地点、方式、目的、施事和受事等。在肯定句中，"是"可以省略，否定句要用"不是……的"。例如：

The structure "是……的" here stresses the time, place, way, purpose, agent and object of an action that has happened or been completed. In an affirmative sentence, "是" can be omitted, and in a negative sentence, the structure "不是……的" should be used. For example,

① 飞机是上午 10 点起飞的。　　Fēijī shì shàngwǔ shí diǎn qǐfēi de.

② 我的香水是在免税店买的。　　Wǒ de xiāngshuǐ shì zài miǎnshuìdiàn mǎi de.

③ 不是我按的呼叫铃。　　Bú shì wǒ àn de hūjiàolíng.

练习 → Exercises

一、跟读音节　Read the syllables after the recording.

jī—jí	qiāo—qiǎo	xiā—xià
zǐ—zī	cáo—cǎo	sǎ—sà
zhǐ—zhī	chǒu—chóu	shǎn—shàn
ràng—rǎng	rào—rǎo	rèn—rěn

二、跟读词语，注意声调

Read the words and expressions after the recording, and pay attention to the tones.

àn hūjiàolíng 按呼叫铃	tóu yūn 头晕	ěxin 恶心	hěn nánshòu 很难受
ná yùnjīyào 拿晕机药	máfan nǐ le 麻烦你了	gǎnjué hǎo diǎnr le 感觉好点儿了	háishi bù shūfu 还是不舒服
fú nín dào qiáncāng ba 扶您到前舱吧	kòng zuòwèi 空座位	tǎng yíxià 躺一下	shēntǐ búshì 身体不适
yǔ chéngwùyuán liánxì 与乘务员联系	shēn biǎo xièyì 深表谢意		

三、替换画线部分 Substitute the underlined parts. 

Shì nín àn de hūjiàolíng ma?

1. 是您按的呼叫铃吗？

nín dìng 您订	jīpiào 机票
nín yào 您要	zhěntou 枕头
tā zìjǐ fàng 他自己放	xíngli 行李
hángkōng gōngsī sòng 航空公司送	lǐwù 礼物

Rúguǒ nín xiǎng tù, qiánfāng zuòwèi hòu yǒu qīngjiédài.

2. 如果您想吐，前方座位后有清洁袋。

xiǎng tīng yīnyuè 想听音乐	qǐng nín dàishang ěrjī 请您带上耳机
xiǎng kàn bàozhǐ 想看报纸	qǐng dǎkāi yuèdúdēng 请打开阅读灯
nín yǒu xūyào 您有需要	qǐng àn hūjiàolíng 请按呼叫铃
nín ěrduo téng 您耳朵疼	nín kěyǐ jiáo kǒuxiāngtáng 您可以嚼口香糖

四、选词填空 Choose the words to fill in the blanks.

gōngyìng 供应	nòng 弄	màn yòng 慢用	fèn 份	tàng 烫	zěnme 怎么	nǎ zhǒng 哪种	suàn le 算了

Wǒmen yǒu xīshì de hé zhōngshì de, nín yào

1. 我们有西式的和中式的，您要__________？

Wǒ yào de shì niúròu, zhè __________ shì jīròu ne?

2. 我要的是牛肉，这__________是鸡肉呢？

Zhè shì nín yào de yúròu, qǐng

3. 这是您要的鱼肉，请__________。

Qǐngwèn, shénme shíhou __________ wǔcān?

4. 请问，什么时候__________午餐？

Xiǎojie, qǐng zài gěi wǒ yí __________ niúròu.

5. 小姐，请再给我一__________牛肉。

Duìbuqǐ, shì wǒ __________ cuò le.

6. 对不起，是我__________错了。

Zhēn bù hǎoyìsi! __________ zháo nín le ma?

7. 真不好意思！__________着您了吗？

Méi shìr, __________ ba. Xià cì xiǎoxīn diǎnr.

8. 没事儿，__________吧。下次小心点儿。

五、完成对话 Complete the dialogue.

Xiǎojie, shì nín àn de hūjiàolíng ma? __________?

乘务员：小姐，是您按的呼叫铃吗？__________？

Wǒ __________.

乘　客：我__________。

Nín kěnéng shì __________ le. Wǒ qù gěi nín ná __________ ba.

乘务员：您可能是__________了。我去给您拿__________吧。

Nà jiù
乘　客：那就 ________________ 。

Rúguǒ nín
乘务员：如果您 ______________ ，______________ 。

……

Xiǎojie, nín
乘务员：小姐，您 ____________________ ？

Wǒ háishi bù shūfu.
乘　客：我还是不舒服。

乘务员：_________________________ 。

Xièxie.
乘　客：谢谢。

六、组成句子　Unscramble the sentences.

zhè jiù qù　huàn　wǒ　yí fèn　gěi nín
1. 这就去　换　我　一份　给您

____

kāfēi　ma　de　shì nín　yào
2. 咖啡　吗　的　是您　要

____

shàng　xūyào　diǎnr　gěi nín　yào　ma
3. 上　需要　点儿　给您　药　吗

____

mǎshàng　máojīn　wǒ　cā yíxià　qù ná　gěi nín
4. 马上　毛巾　我　擦一下　去拿　给您

____

七、情景会话 Situational dialogue

一个学生扮演乘务员，另一个学生扮演患病乘客，用汉语表演乘务员在飞机上为患病乘客服务。

One student plays the part of a flight attendant, and the other student plays the part of a sick passenger. Perform the scene of the flight attendant providing services for the sick passenger in Chinese.

补充词语 Supplementary Words

1.	香水	xiāngshuǐ (r)	（名）	perfume
2.	免税店	miǎnshuìdiàn	（名）	duty-free shop
3.	阅读灯	yuèdúdēng	（名）	reading lamp
4.	耳朵	ěrduo	（名）	ear
5.	疼	téng	（动）	to hurt, to be painful
6.	嚼	jiáo	（动）	to chew
7.	口香糖	kǒuxiāngtáng	（名）	chewing gum
8.	体温	tǐwēn	（名）	body temperature
9.	发烧	fā//shāo	（动）	to have a fever
10.	感冒	gǎnmào	（动）	to catch a cold
11.	流鼻涕	liú bítì		to have a runny nose
12.	心脏病	xīnzàngbìng	（名）	heart disease
13.	发作	fāzuò	（动）	to break out
14.	胃痛	wèi tòng		stomachache
15.	拉肚子	lā dùzi		to have loose bowels
16.	晕倒	yūn dǎo		to fall in a faint

你知道吗？ Do you know it?

中医和中药

中医中药在中国已经有几千年的历史了，几千年的临床实践以及现代科学研究证实了中医中药无论是在治病、防病还是在养生上，都是有效可行的。

中医理论来源于对医疗经验的总结及中国古代的阴阳五行思想。中医理论讲究整体观念和辨证施治。中医的诊病方法是望（看面色）、闻（听声音）、问（问病情）、切（qiè，切脉）。中医的治疗方法主要有中药、针灸和拔火罐。中药的来源主要是植物，也有一些动物和矿物。现在中医中药已经传播到了世界许多地方。

Traditional Chinese Medicine

Traditional Chinese medicine has had a history of several thousand years in China. Thousands of years of clinical practice and modern scientific researches have proved that traditional Chinese medicine is effective and feasible in both treating or preventing diseases and maintaining health.

The traditional Chinese medicinal theory derives from the summary of practitioners' medical experience and the ancient Chinese thoughts of *Yin-Yang* and Five-Elements. It emphasizes two points: the concept of wholism and the treatment based on syndrome differentiation. Major diagnostic methods in traditional Chinese medicine include observing (the complexion), listening (to the voice, breaths and coughs, etc.), inquiring (about the symptoms) and pulse taking. Major methods of treatment include traditional Chinese medicinal herbs, acupuncture and moxibustion and cupping. Most traditional Chinese medicines are made from plants, and a few are from animals and minerals. Now traditional Chinese medicine has been spread to many parts of the world.

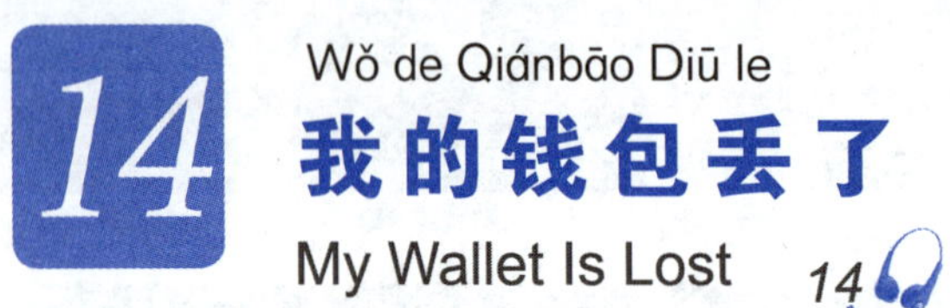

14 Wǒ de Qiánbāo Diū le
我的钱包丢了
My Wallet Is Lost 14

Bāngzhù chéngkè xúnzhǎo shīwù
帮助乘客寻找失物
Helping passengers look for lost articles

• 重点句 • Key Sentences

Nín bié zháojí. Shì shénme shíhou、zài nǎr diū de?
1. 您别着急。是什么时候、在哪儿丢的?
Don't be so worried. When and where did you lose it?

Nín yǐjīng zài zuòwèi zhōuwéi zhǎoguo le ma?
2. 您已经在座位周围找过了吗?
Have you already looked for it around your seat?

Nín de qiánbāo shì shénme yàngzi de?
3. 您的钱包是什么样子的?
What is your wallet like?

Nín de qiánbāo li yǒu shénme?
4. 您的钱包里有什么?
What is in your wallet?

课文 → Texts

(一)

一位乘客丢了钱包，很着急。

A passenger has lost his wallet and is very worried.

Xiǎojie, wǒ de qiánbāo diū le.
乘　客：小姐，我的钱包丢了。

Nín bié zháojí. Nín xiǎngxiang, shì shénme shíhou、zài nǎr diū de？
乘务员： 您别着急。您想想，是什么时候、在哪儿丢的？

Wǒ yě jì bu qīng le, shàng fēijī de shíhou hǎoxiàng hái zài.
乘　客： 我也记不清了，上飞机的时候好像还在。

Nín yǐjīng zài zuòwèi zhōuwéi zhǎoguo le ma？
乘务员： 您已经在座位周围找过了吗？

Wǒ dàochù dōu zhǎo le, dànshì méi zhǎozháo.
乘　客： 我到处都找了，但是没找着。

Nà nín de qiánbāo shì shénme yàngzi de?
乘务员： 那您的钱包是什么样子的？

Shì hēisè de、pí de、chángfāngxíng de.
乘　客： 是黑色的、皮的、长方形的。

Nín de qiánbāo li yǒu shénme?
乘务员： 您的钱包里有什么？

Lǐmian dàgài yǒu wǔbǎi měiyuán, hái yǒu shēnfènzhèng、jǐ zhāng xìnyòngkǎ hé yì zhāng quánjiāfú.
乘　客： 里面大概有500美元，还有身份证、几张信用卡和一张全家福。

Hǎo de. Wǒ xiànzài mǎshàng qù guǎngbō, wèi nín zhǎo yíxià.
乘务员： 好的。我现在马上去广播，为您找一下。

（二）

（寻物启事广播 Lost property announcement）

Gè wèi nǚshì、gè wèi xiānsheng：
各位女士、各位先生：

Xiànzài guǎngbō xún wù qǐshì. Rú yǒu chéngkè shídào yí ge chángfāngxíng hēisè pízhì qiánbāo, qǐng àn nín tóudǐng shàngfāng de hūjiàolíng, yǔ chéngwùyuán liánxì, wǒmen dàibiǎo shīzhǔ xiàng nín biǎoshì gǎnxiè!
现在广播寻物启事。如有乘客拾到一个长方形黑色皮质钱包，请按您头顶上方的呼叫铃，与乘务员联系，我们代表失主向您表示感谢！

（失物招领广播 Lost and found announcement）

Gè wèi nǚshì、gè wèi xiānsheng:
各位女士、各位先生：

Xiànzài guǎngbō shīwù zhāolǐng qǐshì. Wǒmen shídào yí fù tàiyángjìng. Rúguǒ shì nín yíshī de, qǐng yǔ chéngwùyuán liánxì.
现在广播失物招领启事。我们拾到一副太阳镜，如果是您遗失的，请与乘务员联系。

生词 → New Words 

1. 丢	diū	（动）	to lose
2. 着急	zháo//jí	（动）	to worry
3. 好像	hǎoxiàng	（动）	to seem
4. 周围	zhōuwéi	（名）	surrounding
5. 到处	dàochù	（副）	everywhere
6. 皮	pí	（名）	leather
7. 长方形	chángfāngxíng	（名）	rectangle, oblong
8. 身份证	shēnfènzhèng	（名）	identification card
9. 信用卡	xìnyòngkǎ	（名）	credit card
10. 全家福	quánjiāfú	（名）	photo of the whole family
11. 寻物	xún wù		to look for an item
12. 启事	qǐshì	（名）	announcement, notice
13. 拾	shí	（动）	to find, to pick up (from the ground)
14. 代表	dàibiǎo	（动）	to represent
15. 失主	shīzhǔ	（名）	owner

16. 向……表示……	xiàng……biǎoshì……		to express…to
17. 失物招领	shīwù zhāolǐng		lost and found
18. 太阳镜	tàiyángjìng	（名）	sunglasses
19. 遗失	yíshī	（动）	to lose

注释 → Notes

● 几张信用卡和一张全家福。

全家福 是指全家人一起照的照片。

"全家福" indicates a photo of the whole family.

全家福

语法 → Grammar

● 我也记不清了。

可能补语用在动词后面，表示主客观条件能否允许进行某种动作或实现某种结果和变化。

肯定结构：动词 + "得" + 结果 / 趋向

否定结构：动词 + "不" + 结果 / 趋向

例如：

The complement of possibility is used after a verb, indicating whether or not the subjective or objective condition allows a certain action, result or change to happen.

The affirmative structure: Verb + "得" + resultative/directional complement

The negative structure: Verb + "不" + resultative/directional complement

For example,

① A：明天的机票买得到吗？ Míngtiān de jīpiào mǎi de dào ma?

B：买不到了。 Mǎi bu dào le.

② 我的护照找不着了。 Wǒ de hùzhào zhǎo bu zháo le.

③ 阅读灯打不开。 Yuèdúdēng dǎ bu kāi.

练习 → Exercises

一、跟读音节 Read the syllables after the recording.

lè—rè	nǎo—lǎo—rǎo	lòu—ròu	nán—lán—rán
nóng—lóng—róng	nù—lù—rù	nuò—luò—ruò	nuǎn—luǎn—ruǎn
gān—guān	kān—kuān	hán—huán	zhǎn—zhuǎn
chàn—chuàn	shàn—shuàn	gěn—gǔn	kěn—kǔn
hèn—hùn	zhēn—zhūn	chén—chún	shěn—shǔn
gěi—guǐ	kēi—kuī	hēi—huī	zhèi—zhuì
shéi—shuí	děi—duī		

二、跟读词语，注意声调

Read the words and expressions after the recording, and pay attention to the tones.

qiánbāo diū le 钱包丢了	bié zháojí 别着急	jì bu qīng le 记不清了	zuòwèi zhōuwéi 座位周围
zhǎoguo le 找过了	méi zhǎozháo 没找着	shénme yàngzi 什么样子	shēnfènzhèng 身份证
xìnyòngkǎ 信用卡	yì zhāng quánjiāfú 一张全家福	xún wù qǐshì 寻物启事	àn hūjiàolíng 按呼叫铃
yǔ chéngwùyuán liánxì 与乘务员联系	biǎoshì gǎnxiè 表示感谢	shīwù zhāolǐng 失物招领	

三、替换画线部分 Substitute the underlined parts.

Wǒ de qiánbāo diū le.
1. 我的<u>钱包</u>丢了。

shǒujī 手机
hùzhào 护照
xìnyòngkǎ 信用卡
yàoshi 钥匙

Nín de qiánbāo shì shénme yàngzi de?
2. 您的钱包是什么样子的？

shǒutíbāo 手提包	yánsè 颜色
shǒujī 手机	páizi 牌子
tàiyángjìng 太阳镜	páizi 牌子
wàitào 外套	yàngzi 样子

Nín yǐjīng zài zuòwèi zhōuwéi zhǎoguo le ma?
3. 您已经在座位周围找过了吗？

xínglijià shang 行李架上

zuòyǐ xià 座椅下

xínglixiāng li 行李箱里

xíngli lǐngqǔchù 行李领取处

四、连线，组成对话 Match the sentences in the two columns to make dialogues.

Shízài bàoqiàn.
1. A：实在抱歉。

Gěi wǒ lái bēi rè shuǐ hǎo ma?
2. A：给我来杯热水好吗？

Xiǎojie, qǐng guòlai yíxià.
3. A：小姐，请过来一下。

Wǒ qù gěi nín ná yùnjīyào ba.
4. A：我去给您拿晕机药吧。

Nín gǎnjué hǎo diǎnr le ma?
5. A：您感觉好点儿了吗？

Nín hǎo! Nín yǒu shénme xūyào?
6. B：您好！您有什么需要？

Nà jiù máfan nǐ le.
7. B：那就麻烦你了。

Wǒ háishi bù shūfu.
8. B：我还是不舒服。

Méi guānxi.
9. B：没关系。

Hǎo de，gěi nín.
10. B：好的，给您。

五、完成对话或短文 Complete the dialogue and passage below.

Xiǎojie, wǒ de diū le.
1. 乘　客：小姐，我的＿＿＿＿＿＿丢了。

Nín bié zháojí. Nín xiǎngxiang,
乘务员：您别着急。您想想，＿＿＿＿＿＿？

Wǒ yě le, de shíhou hǎoxiàng hái yǒu.
乘　客：我也＿＿＿＿＿＿了，＿＿＿＿＿＿的时候好像还有。

Nín yǐjīng zài zhǎoguo le ma?
乘务员：您已经在＿＿＿＿＿＿找过了吗？

Wǒ dàochù dōu zhǎo le, dànshì
乘　客：我到处都找了，但是＿＿＿＿＿＿。

2.（寻物启事广播 Lost property announcement）

Gè wèi nǚshì、gè wèi xiānsheng:
各位女士、各位先生：

Xiànzài guǎngbō xún wù qǐshì. Rúyǒu chéngkè shídào qǐng àn nín tóudǐng
现在广播寻物启事。如有乘客拾到＿＿＿＿＿＿，请按您头顶

shàngfāng de hūjiàolíng, wǒmen dàibiǎo shīzhǔ
上方的呼叫铃，＿＿＿＿＿＿，我们代表失主＿＿＿＿＿＿！

六、组成句子 Unscramble the sentences.

fú qiáncāng wǒ dào ba nín
1. 扶　前舱　我　到　吧　您

＿＿＿＿＿＿＿＿＿＿＿＿＿＿＿＿＿＿＿＿

kěyǐ zhǎo wǒmen yí wèi guǎngbō yīshēng
2. 可以　找　我们　一位　广播　医生

＿＿＿＿＿＿＿＿＿＿＿＿＿＿＿＿＿＿＿＿

xiànzài chéngkè búshì fēijī shang yǒu wèi shēntǐ

3. 现在 乘客 不适 飞机上 有位 身体

yǔ liánxì qǐng chéngwùyuán mǎshàng

4. 与 联系 请 乘务员 马上

七、情景会话 Situational dialogue

一个学生扮演乘务员，另一个学生扮演丢东西的乘客，用汉语表演在飞机上乘务员帮失主寻找失物。

One student plays the part of a flight attendant, and the other student plays the part of a passenger who has lost something. Perform the scene of the flight attendant helping the owner look for something lost on the plane in Chinese.

补充词语 Supplementary Words

1.	颜色	yánsè	（名）	color
2.	白	bái	（形）	white
3.	黄	huáng	（形）	yellow
4.	红	hóng	（形）	red
5.	绿	lǜ	（形）	green
6.	蓝	lán	（形）	blue
7.	棕	zōng	（形）	brown
8.	灰	huī	（形）	grey
9.	牌子	páizi	（名）	brand
10.	行李领取处	xíngli lǐngqǔchù		baggage claim area
11.	形状	xíngzhuàng	（名）	shape

你知道吗？Do you know it?

红、黄、白三种颜色在中国传统文化中的意义

在中国传统文化中，色彩文化非常有特色。红、黄色调是中国传统色彩的主要色调。黄色象征着权威、高贵，如帝王的龙袍专用明黄色，皇宫的装饰也多用黄色，许多古代雕塑、建筑也用黄色装饰。红色是中国人最喜欢的色彩之一，象征着喜庆、热闹，如古代婚礼服装都是红色的，每逢过年过节、喜庆吉日、亲友聚会，也都缺少不了红色。而白色与红色相反，象征死亡、凶兆，在古代，亲人死后，家属都要穿白色孝服。

What the Three Colors Red, Yellow and White Represent in Traditional Chinese Culture

The color culture is very distinctive in traditional Chinese culture. Red and yellow are the predominant traditional Chinese colors. Yellow is the symbol of authority and nobility. For example, bright yellow was the color of the imperial robe; most decorations of the royal palace were yellow; many ancient sculptures and buildings were also decorated with the color yellow. Red, a symbol of festival and liveliness, is one of the favorite colors of the Chinese people. For example, the wedding dress in ancient times was always red; and the color red was indispensable on occasions like the Spring Festival or other holidays, some auspicious days, parties with relatives and friends, and so on. Opposite to the color red, the color white is the symbol of death and ill omen. In ancient China, a bereaved family would wear white to mourn the deceased.

15 Wǒmen Jiāng Zài Wǔ Píndào Fàngyìng Diànyǐng
我们将在5频道放映电影
We Will Show a Movie on Channel 5

15

Jī shang yúlè
机上娱乐
Entertainment on the plane

• 重点句 • Key Sentences

Nín bǎ zhège chātóu chājìn fúshǒu de chākǒng li.
1. 您把这个插头插进扶手的插孔里。
Insert the plug into the jack on the armrest.

Yíhuìr wǒmen jiāng zài wǔ píndào fàngyìng.
2. 一会儿我们将在5频道放映。
We will show one on Channel 5 in a minute.

Wǒ gěi nín huàn yí fù (ěrjī).
3. 我给您换一副（耳机）。
I will get another pair (of earphones) for you right now.

课文 → Texts

（一）

（机上广播 Announcement）

Gè wèi nǚshì、gè wèi xiānsheng:
各位女士、各位先生：

Dàyuē shí fēnzhōng hòu gèrén yúlè xìtǒng jiāng kāiqǐ.
大约十分钟后个人娱乐系统将开启。

Xièxie.
谢谢。

Xiānsheng, zhè shì nín de ěrjī.
乘务员： 先生，这是您的耳机。

Xièxie. Zhège zěnme yòng?

乘　客： 谢谢。这个怎么用？

Nín bǎ zhège chātóu chājìn fúshǒu de chākǒng li, ránhòu tiáojié, jiù kěyǐ tīngdào bù tóng de jiémù le.

乘务员： 您把这个插头插进扶手的插孔里，然后调节，就可以听到不同的节目了。

Wǒ míngbai le. Dōu yǒu shénme jiémù?

乘　客： 我明白了。都有什么节目？

Yǒu diànyǐng、gǔdiǎn yīnyuè、liúxíng yīnyuè、míngē hé jīngjù děng.

乘务员： 有电影、古典音乐、流行音乐、民歌和京剧等。

Wǒ xiǎng kàn Zhōngguó diànyǐng, yǒu ma?

乘　客： 我想看中国电影，有吗？

Yíhuìr wǒmen jiāng zài wǔ píndào fàngyìng, yuē xū yí ge bàn xiǎoshí.

乘务员： 一会儿我们将在5频道放映，约需一个半小时。

Hǎo de, xièxie.

乘　客： 好的，谢谢。

（二）

Xiǎojie, wǒ de ěrjī méiyǒu shēngyīn.

乘客1： 小姐，我的耳机没有声音。

Nà wǒ gěi nín huàn yí fù, qǐng shāo děng. Gěi nín, qǐng nín zài shìshi zhè yí fù.

乘务员： 那我给您换一副，请稍等。……给您，请您再试试这一副。

Xiànzài kěyǐ le, xièxie.

乘客1： 现在可以了，谢谢。

Xiǎojie, nǐmen yǒu bàozhǐ ma?

乘客2： 小姐，你们有报纸吗？

Wǒmen yǒu《Niǔyuē Shíbào》、《Zhōngguó Qīngnián Bào》hé《Huánqiú Shíbào》, nín xiǎng kàn nǎ zhǒng?

乘务员： 我们有《纽约时报》、《中国青年报》和《环球时报》，您想看哪种？

Gěi wǒ lái yí fèn 《Niǔyuē Shíbào》 ba. Xièxie.
乘客2： 给我来一份《纽约时报》吧。谢谢。

Hǎo de, gěi nín.
乘务员： 好的，给您。

（三）

（机上广播 Announcement）

Gè wèi nǚshì、gè wèi xiānsheng:
各位女士、各位先生：

Wǒmen de fēijī zhèngzài chuānyuè qìliú, yǒuxiē diānbǒ. Qǐng nín jìhǎo ānquándài.
我们的飞机正在穿越气流，有些颠簸。请您系好安全带。

Xǐshǒujiān tíngzhǐ shǐyòng, tóngshí, jī shang de yúlè xìtǒng zànshí guānbì.
洗手间停止使用，同时，机上的娱乐系统暂时关闭。

生词 → New Words 

1.	娱乐	yúlè	（名）	entertainment
2.	系统	xìtǒng	（名）	system
3.	开启	kāiqǐ	（动）	to open
4.	耳机	ěrjī	（名）	earphone, headphone
5.	插头	chātóu	（名）	plug
6.	插	chā	（动）	to insert
7.	扶手	fúshǒu	（名）	armrest, handrail
8.	插孔	chākǒng	（名）	jack, socket
9.	调节	tiáojié	（动）	to adjust
10.	节目	jiémù	（名）	program
11.	电影	diànyǐng	（名）	film, movie

12. 古典	gǔdiǎn	（形）	classical
13. 音乐	yīnyuè	（名）	music
14. 流行	liúxíng	（动）	to be popular
15. 民歌	míngē	（名）	folk song
16. 京剧	jīngjù	（名）	Beijing opera
17. 频道	píndào	（名）	channel
18. 放映	fàngyìng	（动）	to show, to project
19. 穿越	chuānyuè	（动）	to pass through
20. 气流	qìliú	（名）	air stream
21. 暂时	zànshí	（名）	temporary, transient

注释 Notes

● 都有什么节目？

都……？ "都"用在问句里，表示预测答案有多项，但想知道具体情况。回答时不用"都"。例如：

When "都" is used in an interrogative sentence, it indicates that the expected answers are more than one, but the speaker wants to know the details. The word "都" is not used in the answer. For example,

① A：你都去过哪些国家？ Nǐ dōu qùguo nǎxiē guójiā?

B：我去过英国、美国、法国和日本。 Wǒ qùguo Yīngguó、Měiguó、Fǎguó hé Rìběn.

② A：你都带了什么东西？ Nǐ dōu dàile shénme dōngxi?

B：我带了衣服、书和一些 DVD。 Wǒ dàile yīfu、shū hé yìxiē DVD.

练习 → Exercises

一、跟读音节 Read the syllables after the recording. 

nā—ná	lāo—lǎo	rǎng—ràng
nán—nān	léi—lěi	rén—rèn
niǎn—niān	lěng—lèng	ruǐ—ruì
niù—niū	lìn—lín	rù—rǔ
xiězuò—xiézuò	yì jiān—yí jiàn	tōngzhī—tóngzhì
shēngzhǎng—shěngzhǎng	bù xíng—bú xìng	zìxí—zǐxì
gūlì—gǔlì	yìzhí—yízhì	sōngshǔ—sōngshù

二、跟读词语，注意声调

Read the words and expressions after the recording, and pay attention to the tones.

gèrén yúlè xìtǒng 个人娱乐系统	zěnme yòng 怎么用	chājìn chākǒng li 插进插孔里	gǔdiǎn yīnyuè 古典音乐
liúxíng yīnyuè 流行音乐	wǔ píndào 5 频道	xū yí ge bàn xiǎoshí 需一个半小时	zài shìshi 再试试

三、替换画线部分 Substitute the underlined parts.

Dōu yǒu shénme jiémù?
1. 都有什么节目？

yǐnliào 饮料
diànyǐng 电影
chī de dōngxi 吃的东西
miǎnshuì shāngpǐn 免税商品

Wǒ de ěrjī méiyǒu shēngyīn.

2. 我的耳机 没有声音。

yuèdúdēng 阅读灯	tài àn le 太暗了
ānquándài 安全带	dǎ bu kāi 打不开
diànshì píngmù 电视屏幕	bù qīngchu 不清楚

四、选词填空 Choose the words to fill in the blanks.

nánshòu 难受	jì 记	xièyì 谢意	hùshi 护士	hūjiàolíng 呼叫铃	yíshī 遗失	shí 拾	qīngjiédài 清洁袋	dàochù 到处

Xiǎojie, shì nín àn de ma?

1. 小姐，是您按的 ________吗？

Wǒ tóu yūn, ěxin, hěn

2. 我头晕，恶心，很 ________。

Rúguǒ nín xiǎng tù, qiánfāng zuòwèi hòu yǒu

3. 如果您想吐，前方座位后有 ________。

Rúguǒ nǎ wèi chéngkè shì yīshēng huò qǐng mǎshàng yǔ chéngwùyuán liánxì.

4. 如果哪位乘客是医生或 ________，请马上与乘务员联系。

Wǒ yě bu qīng le, shàng fēijī de shíhou hái yǒu.

5. 我也 ________不清了，上飞机的时候还有。

Duì nín de bāngzhù, wǒmen shēn biǎo

6. 对您的帮助，我们深表 ________。

Wǒ dōu zhǎo le, dànshì méi zhǎozháo.

7. 我 ________都找了，但是没找着。

Yǒu chéngkè dào yí ge chángfāngxíng hēisè pízhì qiánbāo.

8. 有乘客 ________到一个长方形黑色皮质钱包。

Rúguǒ shì nín de, qǐng yǔ chéngwùyuán liánxì.

9. 如果是您 ________的，请与乘务员联系。

五、完成对话 Complete the dialogues.

Xiānsheng, zhè shì nín de ěrjī.
1. 乘务员：先生，这是您的耳机。

Xièxie,
乘　客：谢谢，________________________？

Nín　jiù kěyǐ tīngdào bù tóng de jiémù le.
乘务员：您________________________，就可以听到不同的节目了。

Wǒ míngbai le. Dōu yǒu shénme jiémù?
乘　客：我明白了。都有什么节目？

乘务员：________________________。

Wǒ xiǎng kàn diànyǐng, yǒu ma?
乘　客：我想看电影，有吗？

乘务员：________________________。

Hǎo de, xièxie.
乘　客：好的，谢谢。

Xiǎojie, wǒ de ěrjī méiyǒu shēngyīn.
2. 乘　客：小姐，我的耳机没有声音。

乘务员：________________________。

Xiànzài kěyǐ le, xièxie.
乘　客：现在可以了，谢谢。

六、组成句子 Unscramble the sentences.

yǐjīng	zuòwèi zhōuwéi	zài	nín	zhǎoguo	le	ma
1. 已经	座位周围	在	您	找过	了	吗

____

2. 钱包 (qiánbāo) 什么 (shénme) 的 (de) 您的 (nín de) 样子 (yàngzi) 是 (shì)

____

3. 失主 (shīzhǔ) 向 (xiàng) 我们 (wǒmen) 感谢 (gǎnxiè) 代表 (dàibiǎo) 您 (nín) 表示 (biǎoshì)

____

4. 广播 (guǎngbō) 招领 (zhāolǐng) 现在 (xiànzài) 启事 (qǐshì) 失物 (shīwù)

____

5. 拾 (shí) 我们 (wǒmen) 一副 (yí fù) 到 (dào) 太阳镜 (tàiyángjìng)

____

七、情景会话 Situational dialogue

一个学生扮演乘务员，另一个学生扮演乘客，用汉语表演乘务员在飞机上帮助乘客使用娱乐设施。

One student plays the part of a flight attendant, and the other student plays the part of a passenger. Perform the scene of the flight attendant helping the passenger use the entertainment facility on the plane in Chinese.

补充词语 Supplementary Words

1.	商品	shāngpǐn	（名）	goods
2.	屏幕	píngmù	（名）	screen
3.	音量	yīnliàng	（名）	sound volume
4.	停止	tíngzhǐ	（动）	to stop

你知道吗？ Do you know it?

京　剧

京剧是中国的"国粹"，已有近200年历史。京剧是中国流行最广、影响最大的一个剧种。京剧是在北京形成的，在形成过程中吸收了很多地方戏的精华，同时也受到北方方言和风俗习惯的影响。京剧演员分生、旦、净、末、丑五个行当。京剧表演采用一种特殊的具有民族特色的化妆方法，就是京剧脸谱。京剧脸谱用不同色彩来表现剧中人物的某种性格。

Beijing Opera

Beijing opera is the national essence of China, and has a history of nearly 200 years. It is the most prevalent and influential genre of drama in China. Beijing opera was formed in Beijing. During the process of its formation, it absorbed the essence of many local operas, and was influenced by the northern dialects and customs. Beijing opera performers fall into five types of roles: *sheng*, *dan*, *jing*, *mo* and *chou*. Beijing opera performances adopt a special kind of makeup method with national characteristics, namely using Beijing opera facial masks, which express different personalities of the roles through different colors.

复习三
Review Three

一、读拼音 Read the following *pinyin*.

1. 读音节 Read the syllables.

jiū qiǎn xióng zòu zhǎn càn chàng sōng ròu

zhōu bān péng mín dǎng nèn líng gàn kēng

huàn chuǎn shuān shuāng rè nǎo lòu róng nuò

ruǎn hùn shěn kuī zhuì gěi xiězuò sōngshù

shēngzhǎng yìzhí bù xíng yí jiàn tóngzhì zǐxì

2. 读古诗 Read the ancient poem.

Chú hé rì dāng wǔ,
锄禾日当午，

Hàn dī hé xià tǔ.
汗滴禾下土。

Shéi zhī pán zhōng cān,
谁知盘中餐，

Lì lì jiē xīnkǔ.
粒粒皆辛苦。

（唐·李绅《悯农》）

二、读词语 Read the words and expressions. 

gōngyìng wǔcān 供应午餐	dìgěi chéngkè 递给乘客	nòngcuò le 弄错了	shízài bàoqiàn 实在抱歉
shàng diǎnr yào 上点儿药	suàn le ba 算了吧	tóu yūn、ěxin 头晕、恶心	hūjiàolíng 呼叫铃
kòng zuòwèi 空座位	shēn biǎo xièyì 深表谢意	jì bu qīng le 记不清了	shēnfènzhèng 身份证

xìnyòngkǎ 信用卡　xún wù qǐshì 寻物启事　shīwù zhāolǐng 失物招领　wǔ píndào 5频道

gèrén yúlè xìtǒng 个人娱乐系统　liúxíng yīnyuè 流行音乐

三、读句子 Read the sentences. 

Wǒmen yǒu xīshì de hé zhōngshì de, nín xiǎng yào nǎ zhǒng?
1. 我们有西式的和中式的，您想要哪种？

Qǐng màn yòng.
2. 请慢用。

Qǐng bāng wǒ dìgěi lǐmian de nà wèi chéngkè, xièxie.
3. 请帮我递给里面的那位乘客，谢谢。

Zhēn bù hǎoyìsi! Wǒ mǎshàng qù ná máojīn gěi nín cā yíxià.
4. 真不好意思！我马上去拿毛巾给您擦一下。

Shì nín àn de hūjiàolíng ma?
5. 是您按的呼叫铃吗？

Nín gǎnjué hǎo diǎnr le ma?
6. 您感觉好点儿了吗？

Rúguǒ nǎ wèi chéngkè shì yīshēng huò hùshi, qǐng mǎshàng yǔ chéngwùyuán liánxì.
7. 如果哪位乘客是医生或护士，请马上与乘务员联系。

Nín bié zháojí. Shì shénme shíhou、zài nǎr diū de?
8. 您别着急。是什么时候、在哪儿丢的？

Nín yǐjīng zài zuòwèi zhōuwéi zhǎoguo le ma?
9. 您已经在座位周围找过了吗？

Nín de qiánbāo shì shénme yàngzi de? Lǐmian yǒu shénme?
10. 您的钱包是什么样子的？里面有什么？

Nín bǎ zhège chātóu chājìn fúshǒu de chākǒng li.
11. 您把这个插头插进扶手的插孔里。

Yíhuìr wǒmen jiāng zài wǔ píndào fàngyìng diànyǐng.
12. 一会儿我们将在5频道放映电影。

Wǒ gěi nín huàn yí fù (ěrjī).
13. 我给您换一副（耳机）。

四、选择所给的句子完成句子或对话 Choose the proper sentences to fill in the blanks.

Nín yǒu shénme xūyào ma?
A. 您有什么需要吗？

Shízài bàoqiàn.
B. 实在抱歉。

Qǐng mǎshàng yǔ chéngwùyuán liánxì.
C. 请马上与乘务员联系。

Qǐng shāo děng.
D. 请稍等。

Qǐng àn nín tóudǐng shàngfāng de hūjiàolíng.
E. 请按您头顶上方的呼叫铃。

Shì shénme shíhou、zài nǎr diū de?
F. 是什么时候、在哪儿丢的？

Nín bǎ zhège chātóu chājìn fúshǒu de chākǒng li.
G. 您把这个插头插进扶手的插孔里。

Niúròu yǐjīng fāwán le.
H. 牛肉已经发完了。

Qǐng nín jìhǎo ānquándài.
I. 请您系好安全带。

Qǐngwèn, shénme shíhou gōngyìng wǔcān?
1. 乘　客：请问，什么时候供应午餐？

wǒmen jiāng zài bàn xiǎoshí hòu gōngyìng wǔcān.
乘务员：________，我们将在半小时后供应午餐。

Xiǎojie, qǐng zài gěi wǒ yí fèn niúròu.
2. 乘　客：小姐，请再给我一份牛肉。

Duìbuqǐ, xiānsheng, Jīròu kěyǐ ma?
乘务员：对不起，先生，________________。鸡肉可以吗？

Wǒ yào de shì niúròu, zhè zěnme shì jīròu ne?
3. 乘　客：我要的是牛肉，这怎么是鸡肉呢？

Duìbuqǐ, shì wǒ nòngcuò le,
乘务员：对不起，是我弄错了，________________。

Xiǎojie, shì nín àn de hūjiàolíng ma?
4. 乘务员：小姐，是您按的呼叫铃吗？

________________________________？

Wǒ tóu yūn, ěxin, hěn nánshòu.
乘　客：我头晕，恶心，很难受。

Xiànzài fēijī shang yǒu wèi chéngkè shēntǐ búshì, rúguǒ nǎ wèi chéngkè shì yīshēng huò hùshi,
5. 现在飞机上有位乘客身体不适，如果哪位乘客是医生或护士，

____________________。

Xiǎojie, wǒ de qiánbāo diū le.
6. 乘　客：小姐，我的钱包丢了。

Nín bié zháojí. Nín xiǎngxiang,
乘务员：您别着急。您想想，________________？

Rú yǒu chéngkè shídào yí ge chángfāngxíng hēisè qiánbāo, yǔ chéngwùyuán liánxì.
7. 如有乘客拾到一个长方形黑色钱包，________________，与乘务员联系。

Zhège zěnme yòng?
8. 乘　客：这个怎么用？

ránhòu tiáojié, jiù kěyǐ tīngdào bù tóng de jiémù le.
乘务员：________________，然后调节，就可以听到不同的节目了。

Wǒmen de fēijī zhèngzài chuānyuè qìliú, yǒuxiē diānbǒ. Xǐshǒujiān
9. 我们的飞机正在穿越气流，有些颠簸。________________。洗手间

tíngzhǐ shǐyòng.
停止使用。

五、用所给的词语完成对话

Complete the dialogues with the given words and expressions.

Wǒmen yǒu bǐnggān hé dàngāo. diǎnxin

1. 乘务员：________? 我们有饼干和蛋糕。（点心）

Lái liǎng kuài dàngāo ba.

乘　客：来两块蛋糕吧。

Zhēn bù hǎoyìsi! Tàngzháo nín le ma?

2. 乘务员：真不好意思！烫着您了吗？

shàngyào

________?（上药）

Méi shìr, suàn le ba. Xià cì xiǎoxīn diǎnr.

乘　客：没事儿，算了吧。下次小心点儿。

Xiǎojie, gǎnjué

3. 乘务员：小姐，________?（感觉）

Wǒ háishi bù shūfu.

乘　客：我还是不舒服。

rúguǒ nǎ wèi chéngkè shì yīshēng huò hùshi, qǐng mǎshàng

4. ________，如果哪位乘客是医生或护士，请马上

yǔ chéngwùyuán liánxì. shēntǐ búshì

与乘务员联系。（身体不适）

zuòwèi zhōuwéi

5. 乘务员：________?（座位周围）

Wǒ dàochù dōu zhǎo le, dànshì méi zhǎozháo.

乘　客：我到处都找了，但是没找着。

wǒmen shídào yí fù tàiyángjìng, rúguǒ shì nín yíshī de,

6. ________，我们拾到一副太阳镜，如果是您遗失的，

qǐng yǔ chéngwùyuán liánxì. guǎngbō

请与乘务员联系。（广播）

Xiǎojie，wǒ de ěrjī méiyǒu shēngyīn.
7. 乘　客：小姐，我的耳机没有声音。

qǐng shāo děng. huàn
乘务员：____________________，请稍等。（换）

Wǒmen de fēijī zhèngzài chuānyuè qìliú，yǒuxiē diānbǒ. Xǐshǒujiān tíngzhǐ shǐyòng，tóngshí，
8. 我们的飞机正在穿越气流，有些颠簸。洗手间停止使用，同时，

zànshí guānbì
____________________。（暂时关闭）

六、把下面的对话用你自己的话叙述出来

Read the following dialogue and retell it in your own words.

Xiǎojie，wǒ de qiánbāo diū le.
乘　客：小姐，我的钱包丢了。

Nín bié zháojí. Nín xiǎngxiang，shì shénme shíhou、zài nǎr diū de?
乘务员：您别着急。您想想，是什么时候、在哪儿丢的？

Wǒ yě jì bu qīng le，shàng fēijī de shíhou hǎoxiàng hái zài.
乘　客：我也记不清了，上飞机的时候好像还在。

Nín yǐjīng zài zuòwèi zhōuwéi zhǎoguo le ma?
乘务员：您已经在座位周围找过了吗？

Wǒ dàochù dōu zhǎo le，dànshì méi zhǎozháo.
乘　客：我到处都找了，但是没找着。

Nà nín de qiánbāo shì shénme yàngzi de?
乘务员：那您的钱包是什么样子的？

Shì hēisè de，pí de，chángfāngxíng de.
乘　客：是黑色的，皮的，长方形的。

Nín de qiánbāo li yǒu shénme?
乘务员：您的钱包里有什么？

Lǐmian dàgài yǒu wǔbǎi měiyuán，hái yǒu jǐ zhāng xìnyòngkǎ.
乘　客：里面大概有 500 美元，还有几张信用卡。

Hǎo de. Wǒ xiànzài mǎshàng qù guǎngbō wèi nín zhǎo yíxià.
乘务员：好的。我现在马上去广播为您找一下。

七、情景会话 Situational dialogue

一个学生扮演乘务员，几个学生扮演乘客。

情景　乘务员正在为乘客们送餐送饮料，送错了餐或者将饮料洒在了客人身上，乘务员马上处理。同时，有一位乘客好像晕机了，乘务员提供服务。

One student plays the part of a flight attendant, and several others play passengers.

Scene: When serving meals and beverages to the passengers, the flight attendant has given a wrong meal or spilled beverage on a passenger, and he/she handles the situation immediately. At the same time, a passenger seems to be airsick, and the attendant provides him/her with corresponding services.

16

Qǐng Nín Cānyuè Gòuwù Zhǐnán

请您参阅购物指南

Please Refer to the Shopping Guide

16

Jī shang gòu wù
机上购物
Shopping on the plane

• 重点句 •
Key Sentences

Fù kuǎn zhīqián bù néng dǎkāi.
1. 付款之前不能打开。
You can not open it until you have paid.

Xiànjīn hé xìnyòngkǎ dōu kěyǐ.
2. 现金和信用卡都可以。
Both cash and credit card are okay.

Qǐng nín tián yíxià zhè zhāng tuìhuòdān.
3. 请您填一下这张退货单。
Please fill in the product return form.

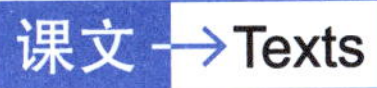

(一)

(机上广播 Announcement)

Gè wèi nǚshì、gè wèi xiānsheng:
各位女士、各位先生：

Wǒmen mǎshàng yào jìnxíng jī shang miǎnshuì shāngpǐn xiāoshòu, qǐng nín cānyuè gòuwù zhǐnán, xièxie.
我们马上要进行机上免税商品销售，请您参阅购物指南，谢谢。

(乘务员拿着免税商品在客舱内询问乘客 A flight attendant is asking a passenger with tax-free commodities in her hands)

Huàzhuāngpǐn、xiāngyān、diànqì, nín yǒu xūyào de ma?

乘务员： 化妆品、香烟、电器，您有需要的吗？

乘　客：（指着购物指南上的某个商品 Pointing to an item in the shopping guide）

Xiǎojie, wǒ xiǎng kàn yíxià zhège yǎnyǐng.

小姐，我想看一下这个眼影。

Hǎo de, qǐng shāo děng. Zhè shì nín yào de yǎnyǐng, qǐng nín kàn yíxià.

乘务员： 好的，请稍等。……这是您要的眼影，请您看一下。

Wǒ néng dǎkāi kànkan ma?

乘　客： 我能打开看看吗？

Duìbuqǐ, fù kuǎn zhīqián bù néng dǎkāi.

乘务员： 对不起，付款之前不能打开。

Xíng, wǒ jiù yào zhège. Kěyǐ shuā xìnyòngkǎ ma?

乘　客： 行，我就要这个。可以刷信用卡吗？

Xiànjīn hé xìnyòngkǎ dōu kěyǐ. Nín de kǎ yǒu mìmǎ ma?

乘务员： 现金和信用卡都可以。您的卡有密码吗？

Méiyǒu.

乘　客： 没有。

Hǎo de, wǒ qù gěi nín bāozhuāng yíxià, qǐng shāo děng.

乘务员： 好的，我去给您包装一下，请稍等。

（二）

Xiǎojie, bù hǎoyìsi, wǒ gāng mǎile zhè píng jiǔ, xiànzài bù xiǎng yào le, kěyǐ tuì ma?

乘　客： 小姐，不好意思，我刚买了这瓶酒，现在不想要了，可以退吗？

Qǐngwèn, nín dǎkāi le ma?

乘务员： 请问，您打开了吗？

Méiyǒu.

乘　客： 没有。

Kěyǐ tuì. Qǐngwèn, nín gāngcái fù de shì xiànjīn ma?

乘务员： 可以退。请问，您刚才付的是现金吗？

Bú shì, wǒ shuā de xìnyòngkǎ.
乘　客： 不是，我刷的信用卡。

Nà qǐng nín tián yíxià zhè zhāng tuìhuòdān.
乘务员： 那请您填一下这张退货单。

（乘客填好退货单，递给乘务员 The passenger completed the product return form and hands it over to the flight attendant）

Qǐng shāo děng yíxià. Qǐng nín náhǎo zhè zhāng píngzhèng, huòkuǎn jiāng zài yí ge yuè hòu dǎrù nín de zhànghù.
乘务员： 请稍等一下。……请您拿好这张凭证，货款将在一个月后打入您的账户。

Xièxie.
乘　客： 谢谢。

生词 → New Words

1.	销售	xiāoshòu	（动）	to sell
2.	参阅	cānyuè	（动）	to refer to, to consult
3.	购物指南	gòuwù zhǐnán		shopping guide
4.	化妆品	huàzhuāngpǐn	（名）	makeup, cosmetics
5.	香烟	xiāngyān	（名）	cigarette
6.	电器	diànqì	（名）	electrical appliance
7.	眼影	yǎnyǐng	（名）	eye shadow
8.	付款	fù kuǎn		to pay
9.	之前	zhīqián	（名）	before
10.	刷	shuā	（动）	to swipe (a card)
11.	现金	xiànjīn	（名）	cash
12.	密码	mìmǎ	（名）	password

13.	包装	bāozhuāng	（动）	to pack, to wrap
14.	填	tián	（动）	to fill in
15.	退货单	tuìhuòdān	（名）	product return form
16.	凭证	píngzhèng	（名）	receipt, voucher
17.	账户	zhànghù	（名）	account

注释 → Notes

● 货款将在一个月后打入您的账户。

打 “打”在汉语里有很多意思，在本课中的意思是汇款。

“打” has many meanings in Chinese, and it refers to remitting money in this text.

语法 → Grammar

● 现在不想要了。

了 这里的“了”是语气助词，用在句尾，可以表示变化。例如：

“了” here is a modal particle used at the end of a sentence to indicate change. For example,

① 我的阅读灯不亮了。 Wǒ de yuèdúdēng bú liàng le.

② 航班取消了。 Hángbān qǔxiāo le.

③ 咖啡凉了。 Kāfēi liáng le.

练习 → Exercises

一、跟读拼音 Read the *pinyin* after the recording.

jīntiān（今天）	cānjiā（参加）	chūfā（出发）	chūntiān（春天）
jīnnián（今年）	dāngrán（当然）	fēicháng（非常）	gāngcái（刚才）
jīnwǎn（今晚）	shēntǐ（身体）	fāngfǎ（方法）	zhōngwǔ（中午）

jīnhòu（今后） gāoxìng（高兴） gānjìng（干净） tiānqì（天气）
zhuōzi（桌子） yīfu（衣服） duōshao（多少） xiūxi（休息）

二、跟读词语，注意声调

Read the words and expressions after the recording, and pay attention to the tones. 

miǎnshuì shāngpǐn 免税商品	cānyuè gòuwù zhǐnán 参阅购物指南	dǎkāi kànkan 打开看看	
shuā xìnyòngkǎ 刷信用卡	yǒu mìmǎ 有密码	bāozhuāng yíxià 包装一下	kěyǐ tuì ma 可以退吗
fù xiànjīn 付现金	tián tuìhuòdān 填退货单	náhǎo píngzhèng 拿好凭证	dǎrù zhànghù 打入账户

三、替换画线部分 Substitute the underlined parts. 

Zhè shì nín yào de yǎnyǐng.
1. 这是您要的眼影。

zhàoxiàngjī 照相机
yān 烟
yǎnshuāng 眼霜
shǒujī 手机

Fù kuǎn zhīqián bù néng dǎkāi.
2. 付款之前不能打开。

fēijī tíngwěn 飞机停稳	dǎkāi shǒujī 打开手机
fēijī fēixíng píngwěn 飞机飞行平稳	fàngxià xiǎo zhuōbǎn 放下小桌板
jiēdào tōngzhī 接到通知	qǐfēi 起飞

Nín gāngcái fù de shì xiànjīn ma?

3. 您刚才付的是现金吗？

yào 要	píngguǒzhī 苹果汁
mǎi 买	zhège 这个
kàn 看	zhège píndào 这个频道

四、选词填空 Choose the words to fill in the blanks.

fù kuǎn 付款	xiāoshòu 销售	shuā 刷	mìmǎ 密码	bāozhuāng 包装	xūyào 需要

Wǒmen mǎshàng yào jìnxíng jī shang miǎnshuì shāngpǐn ______ qǐng nín cānyuè gòuwù zhǐnán, xièxie.

1. 我们马上要进行机上免税商品______，请您参阅购物指南，谢谢。

Huàzhuāngpǐn、xiāngyān、diànqì, nín yǒu ______ de ma?

2. 化妆品、香烟、电器，您有______的吗？

Duìbuqǐ, ______ zhīqián bù néng dǎkāi.

3. 对不起，______之前不能打开。

Kěyǐ ______ xìnyòngkǎ ma?

4. 可以______信用卡吗？

Xiànjīn hé xìnyòngkǎ dōu kěyǐ. Nín de kǎ yǒu ______ ma?

5. 现金和信用卡都可以。您的卡有______吗？

Wǒ qù gěi nín ______ yíxià.

6. 我去给您______一下。

五、完成对话 Complete the dialogues.

nín yǒu xūyào de ma?

1. 乘务员：______，您有需要的吗？

Xiǎojie, wǒ xiǎng kàn yíxià

乘　客：小姐，我想看一下________________________。

Hǎo de, qǐng shāo děng.

乘务员：好的，请稍等。

Wǒ néng dǎkāi kànkan ma?

乘　客：我能打开看看吗？

Duìbuqǐ,

乘务员：对不起，________________________。

Xíng, wǒ jiù yào zhège. Kěyǐ shuā xìnyòngkǎ ma?

乘　客：行，我就要这个。可以刷信用卡吗？

dōu kěyǐ.

乘务员：________________________都可以。

Nín de kǎ　ma?

您的卡________________________吗？

Méiyǒu.

乘　客：没有。

Hǎo de, wǒ qù gěi nín　qǐng shāo děng.

乘务员：好的，我去给您________________________，请稍等。

Xiǎojie, bù hǎoyìsi, wǒ gāng mǎile zhè píng jiǔ, xiànzài bù xiǎng yào le,

2. 乘　客：小姐，不好意思，我刚买了这瓶酒，现在不想要了，

________________________？

Qǐngwèn,

乘务员：请问，________________________？

Méiyǒu.

乘　客：没有。

Kěyǐ tuì. Qǐngwèn, nín gāngcái

乘务员：可以退，请问，您刚才________________________？

Bú shì, wǒ shuā de xìnyòngkǎ.

乘　客：不是，我刷的信用卡。

Nà qǐng nín

乘务员：那请您＿＿＿＿＿＿＿＿＿＿＿。

Qǐng shāo děng yíxià.　　Qǐng nín náhǎo

乘务员：请稍等一下。……请您拿好＿＿＿＿＿＿＿＿＿＿＿，

huòkuǎn jiāng

货款将＿＿＿＿＿＿＿＿＿＿。

Xièxie.

乘　客：谢谢。

六、组成句子 Unscramble the sentences.

nín　zhè　shì　yào de　yǎnyǐng

1. 您　这　是　要的　眼影

＿＿＿＿＿＿＿＿＿＿＿＿＿＿＿＿＿＿＿＿＿＿＿＿

xìnyòngkǎ　ma　shuā　kěyǐ

2. 信用卡　吗　刷　可以

＿＿＿＿＿＿＿＿＿＿＿＿＿＿＿＿＿＿＿＿＿＿＿＿

gāngcái　shì　xiànjīn　fù de　nín　ma

3. 刚才　是　现金　付的　您　吗

＿＿＿＿＿＿＿＿＿＿＿＿＿＿＿＿＿＿＿＿＿＿＿＿

tuìhuòdān　nà　yíxià　zhè zhāng　qǐng　nín　tián

4. 退货单　那　一下　这张　请　您　填

＿＿＿＿＿＿＿＿＿＿＿＿＿＿＿＿＿＿＿＿＿＿＿＿

náhǎo　píngzhèng　qǐng　zhè　nín　zhāng

5. 拿好　凭证　请　这　您　张

＿＿＿＿＿＿＿＿＿＿＿＿＿＿＿＿＿＿＿＿＿＿＿＿

七、情景会话 Situational dialogue

一个学生扮演乘务员，另一个学生扮演乘客，用汉语表演乘务员在飞机上销售免税商品。

One student plays the part of a flight attendant, and the other student plays the part of a passenger. Perform the scene of the flight attendant selling tax-free commodities on the plane in Chinese.

补充词语 Supplementary Words 

1.	照相机（相机）	zhàoxiàngjī（xiàngjī）	（名）	camera
2.	眼霜	yǎnshuāng	（名）	eye cream
3.	平稳	píngwěn	（形）	steady
4.	飞行	fēixíng	（动）	to fly

你知道吗？ Do you know it?

中国的酒文化

中国人喜欢用酒来表达对宾客的欢迎或谢意。中国人喝酒很注重规矩，比如，主人在为客人斟酒时，常说“满上满上”，这个“满”不是指满到杯口几乎溢出来，而是指斟满八成就行了。主人斟酒时，客人可行“叩指礼”，也就是把拇指、中指捏在一块，轻轻在桌上叩几下，表示感谢主人斟酒。

向人敬酒，常说些表示祝愿、祝福的话。主动敬酒的人会把一杯酒全部喝完表示自己的诚意。

酒席上喝酒讲究碰杯，叫干（gān）杯，要碰杯就必须把杯中的酒一口气喝光，还要把杯子倒过来让旁边的人看看杯子是空的。碰杯的时候，晚辈的酒杯不能比长辈高。

中国的名酒有很多，茅台、五粮液等都是享誉世界的名酒。

The Liquor Culture in China

Chinese people like to use liquor to welcome guests or extend their gratitude to the guests. Drinking rules are very important in China. For example, when serving liquor to a guest, the host often says "fill the glass", and "fill" here does not mean to fill to the extent that the cup overflows, but to pour until the cup is about 80% full. When the host is pouring liquor, the guest can express his gratitude by the ritual of "finger tapping", i.e. holding the thumb and middle finger together and knocking on the table lightly.

One usually expresses good wishes and blessings when making a toast, and he who makes the toast would always drink the cup in one gulp to express his sincerity.

When drinking on the table, clinking cups, called "*ganbei*" (bottoms up) is quite important. People who do the clinking must finish the drink in one gulp and turn the cup upside down to let others see it is empty. When clinking, the cup of a junior should not be higher than that of a senior.

There are a lot of vintage liquors in China, such as the world famous Maotai and Wuliangye, etc.

Zhù Nín Niǔyuē zhī Xíng Yúkuài
祝您纽约之行愉快
Wish You a Good Trip in New York

17

Jièshào mùdìdì
介绍目的地
Introducing the destination

• 重点句 • Key Sentences

Jiǎnyào jièshào yíxià Niǔyuē.
1. 简要介绍一下纽约。
Give a brief introduction to New York City.

Zhù nín Niǔyuē zhī xíng yúkuài!
2. 祝您纽约之行愉快！
Wish you a good trip in New York!

课文 Texts

（一）

（机上广播 Announcement）

Gè wèi nǚshì、gè wèi xiānsheng:
各位女士、各位先生：

Wǒmen jiāng zài yī xiǎoshí hòu dǐdá Kěnnídí Guójì Jīchǎng. Xiànzài shì dāngdì shíjiān shíjiǔ diǎn.
我们将在1小时后抵达肯尼迪国际机场。现在是当地时间19点。

Xiànzài wéi nín bōfàng yí ge duǎnpiàn, jiǎnyào jièshào yíxià Niǔyuē.
现在为您播放一个短片，简要介绍一下纽约。

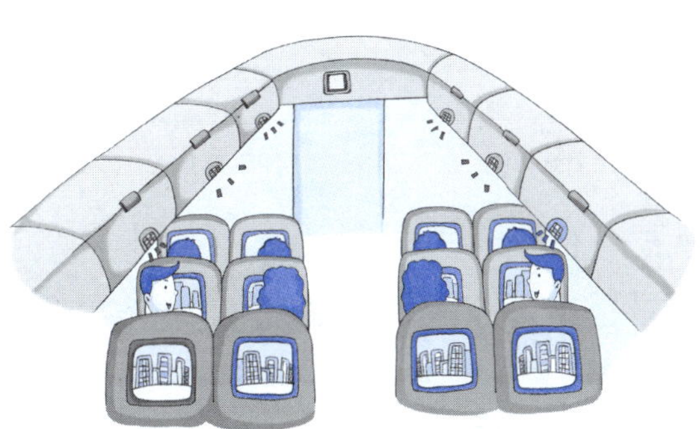

（短片配音 The video is being played）

Niǔyuē shì Měiguó zuì dà de chéngshì jí dì yī dà gǎng, yě shì shìjiè dì yī dà chéngshì, wèi yú Niǔyuē Zhōu dōngnánbù. Shìzhōngxīn wèi yú běiwěi sìshí dù sìshísān fēn, xījīng qīshísì dù líng líng fēn. Niǔyuē Shì shì shìjiè shang zuì zhòngyào de shāngyè hé jīnróng zhōngxīn.

纽约是美国最大的城市及第一大港，也是世界第一大城市，位于纽约州东南部。市中心位于北纬40度43分，西经74度00分。纽约市是世界上最重要的商业和金融中心。

Cǐwài, yóuyú Liánhéguó Zǒngbù shè yú gāi shì, yīncǐ Niǔyuē bèi shìrén yùwéi "Shìjiè zhī Dū". Niǔyuē Shì hái shì zhòngduō shìjièjí bówùguǎn、huàláng hé yǎnyì bǐsài chǎngdì de suǒzàidì, shì xībànqiú wénhuà jí yúlè zhōngxīn zhī yī. Niǔyuē dàochù chōngmǎn jīhuì, yīncǐ cháng bèi chēngwéi "Dà Píngguǒ", yìsi shì "hǎokàn、hǎochī, rén rén dōu xiǎng yǎo yì kǒu".

此外，由于联合国总部设于该市，因此纽约被世人誉为"世界之都"。纽约市还是众多世界级博物馆、画廊和演艺比赛场地的所在地，是西半球文化及娱乐中心之一。纽约到处充满机会，因此常被称为"大苹果"，意思是"好看、好吃，人人都想咬一口"。

Niǔyuē de zhùmíng jǐngdiǎn yǒu Bǎilǎohuì、Niǔyuē Shíbào Guǎngchǎng、Dìguó Dàshà、Liánhéguó Dàlóu、Huá'ěr Jiē hé Zìyóu Nǚshén Xiàng děng.

纽约的著名景点有百老汇、纽约时报广场、帝国大厦、联合国大楼、华尔街和自由女神像等。

Zhù nín Niǔyuē zhī xíng yúkuài!

祝您纽约之行愉快！

生词 → New Words

1.	播放	bōfàng	（动）	to play (a video, etc.)
2.	短片	duǎnpiàn	（名）	short video
3.	简要	jiǎnyào	（形）	brief
4.	港	gǎng	（名）	port
5.	位于	wèi yú		to be located at
6.	北纬	běiwěi	（名）	north latitude

7.	西经	xījīng	（名）	west longitude
8.	商业	shāngyè	（名）	commerce
9.	金融	jīnróng	（名）	finance
10.	此外	cǐwài	（连）	furthermore
11.	设于	shè yú		to be located at
12.	该	gāi	（代）	this, that
13.	因此	yīncǐ	（连）	therefore
14.	被誉为……	bèi yùwéi……		to be honored as
15.	众多	zhòngduō	（形）	many, numerous
16.	博物馆	bówùguǎn	（名）	museum
17.	画廊	huàláng	（名）	art gallery
18.	所在地	suǒzàidì	（名）	location, seat
19.	西半球	xībànqiú	（名）	the Western Hemisphere
20.	充满	chōngmǎn	（动）	to be filled with
21.	机会	jīhuì	（名）	opportunity
22.	被称为……	bèi chēngwéi……		to be referred to as
23.	咬	yǎo	（动）	to bite

专有名词　Proper Nouns

1.	肯尼迪国际机场	Kěnnídí Guójì Jīchǎng	John F. Kennedy International Airport
2.	纽约州	Niǔyuē Zhōu	New York State
3.	联合国总部	Liánhéguó Zǒngbù	United Nations Headquarters
4.	百老汇	Bǎilǎohuì	Broadway

5. 纽约时报广场 Niǔyuē Shíbào Guǎngchǎng Times Square

6. 帝国大厦 Dìguó Dàshà Empire State Building

7. 联合国大楼 Liánhéguó Dàlóu United Nations Building

8. 华尔街 Huá'ěr Jiē Wall Street

9. 自由女神像 Zìyóu Nǚshén Xiàng Statue of Liberty

练习 → Exercises

一、跟读拼音 Read the *pinyin* after the recording.

fángjiān（房间）	guójiā（国家）	míngtiān（明天）	tígāo（提高）
huídá（回答）	míngnián（明年）	tóngxué（同学）	yuánlái（原来）
érqiě（而且）	niúnǎi（牛奶）	méiyǒu（没有）	píngguǒ（苹果）
chídào（迟到）	fúwù（服务）	chéngjì（成绩）	ránhòu（然后）
biéde（别的）	péngyou（朋友）	juéde（觉得）	máfan（麻烦）

二、跟读词语

Read the words and expressions after the recording. 

dǐdá jīchǎng 抵达机场	dāngdì shíjiān 当地时间	bōfàng duǎnpiàn 播放短片
jiǎnyào jièshào 简要介绍	zuì dà de chéngshì 最大的城市	wèi yú dōngnánbù 位于东南部
shìzhōngxīn 市中心	jīnróng zhōngxīn 金融中心	wénhuà yúlè zhōngxīn 文化娱乐中心
chōngmǎn jīhuì 充满机会	zhùmíng jǐngdiǎn 著名景点	

三、替换画线部分 Substitute the underlined parts. 

Jiǎnyào jièshào yíxià Niǔyuē.
1. 简要介绍一下<u>纽约</u>。

jī shang shèbèi 机上设备
dìmiàn qíngkuàng 地面情况
shǐyòng fāngfǎ 使用方法

Niǔyuē de zhùmíng jǐngdiǎn yǒu Bǎilǎohuì、Niǔyuē Shíbào Guǎngchǎng、Dìguó Dàshà、
2. <u>纽约</u>的著名景点有<u>百老汇、纽约时报广场、帝国大厦、</u>

Liánhéguó Dàlóu、Huá'ěr Jiē hé Zìyóu Nǚshén Xiàng děng.
<u>联合国大楼、华尔街和自由女神像</u>等。

Běijīng 北京	Tiān'ān Mén Guǎngchǎng、Gù Gōng、 天安门广场、故宫、 Tiān Tán、Yíhé Yuán、Chángchéng 天坛、颐和园、长城
Bālí 巴黎	Kǎixuán Mén、Bālí Shèngmǔ Yuàn、 凯旋门、巴黎圣母院、 Xiāngxièlìshè Dàjiē 香榭丽舍大街
Lúndūn 伦敦	Báijīnhàn Gōng、Tàiwùshì Hé、 白金汉宫、泰晤士河、 Hǎidé Gōngyuán 海德公园

Yóuyú Liánhéguó Zǒngbù shè yú gāi shì, yīncǐ Niǔyuē bèi shìrén yùwéi "Shìjiè zhī Dū".
3. 由于联合国总部设于该市，因此纽约被世人誉为"世界之都"。

dà wù 大雾	wǒmen de fēijī xiànzài bù néng qǐfēi 我们的飞机现在不能起飞
fēijī diānbǒ 飞机颠簸	qǐng nín jìhǎo ānquándài 请您系好安全带
xíngli chāozhòng 行李超重	xūyào tuōyùn 需要托运

四、选词填空 Choose the words to fill in the blanks.

dāngdì 当地	jièshào 介绍	fàngyìng 放映	zhī xíng 之行	wèi yú 位于	dǐdá 抵达

Wǒmen jiāng zài yī xiǎoshí hòu ______ Kěnnídí Guójì Jīchǎng.
1. 我们将在 1 小时后______肯尼迪国际机场。

Xiànzài shì ______ shíjiān shíjiǔ diǎn.
2. 现在是______时间 19 点。

Xiànzài wéi nín jiǎnyào ______ yíxià Niǔyuē.
3. 现在为您简要______一下纽约。

Niǔyuē ______ Niǔyuē Zhōu dōngnánbù.
4. 纽约______纽约州东南部。

Zhù nín Niǔyuē ______ yúkuài!
5. 祝您纽约______愉快！

Yíhuìr wǒmen jiāng zài wǔ píndào ______ diànyǐng.
6. 一会儿我们将在 5 频道______电影。

五、请仿照课文，简要介绍一个飞行目的地

Please use the text as a model and introduce a flight destination briefly.

（机上广播 Announcement）

Gè wèi nǚshì、gè wèi xiānsheng:
各位女士、各位先生：

Wǒmen jiāng zài ________ hòu dǐdá ________, xiànzài shì dāngdì
我们将在________后抵达________，现在是当地

shíjiān
时间________。

Xiànzài wèi nín bōfàng yí ge duǎnpiàn, jiǎnyào jièshào yíxià
现在为您播放一个短片，简要介绍一下________。

wèi yú Shìzhōngxīn wèi yú wěi dù
________位于________。市中心位于______纬______度

fēn, jīng dù fēn.
______分，______经______度______分。

de zhùmíng jǐngdiǎn yǒu: hé
________的著名景点有：________和

děng.
________等。

Zhù nín
祝您________！

六、组成句子 Unscramble the sentences.

ěrjī wǒ nín yí fù gěi huàn
1. 耳机　我　您　一副　给　换

____

zànshí jī shang yúlè guānbì de xìtǒng
2. 暂时 机上 娱乐 关闭 的 系统

____

cānyuè gòuwù zhǐnán qǐng nín
3. 参阅 购物指南 请 您

____

bōfàng xiànzài duǎnpiàn wèi yí ge nín
4. 播放 现在 短片 为 一个 您

____

duō Niǔyuē jǐngdiǎn yǒu zhùmíng hěn de
5. 多 纽约 景点 有 著名 很 的

____

补充词语 Supplementary Words

1.	天安门广场	Tiān'ān Mén Guǎngchǎng	Tian'anmen Square
2.	故宫	Gù Gōng	Imperial Palace in Beijing
3.	天坛	Tiān Tán	Temple of Heaven
4.	颐和园	Yíhé Yuán	Summer Palace
5.	长城	Chángchéng	Great Wall
6.	巴黎	Bālí	Paris
7.	伦敦	Lúndūn	London
8.	凯旋门	Kǎixuán Mén	Triumphal Arch
9.	巴黎圣母院	Bālí Shèngmǔ Yuàn	Notre Dame de Paris
10.	香榭丽舍大街	Xiāngxièlìshè Dàjiē	Champs Elysees

11. 白金汉宫　Báijīnhàn Gōng　Buckingham Palace

12. 泰晤士河　Tàiwùshì Hé　River Thames

13. 海德公园　Hǎidé Gōngyuán　Hyde Park

你知道吗？ Do you know it?

中国简介

中国历史悠久，有五千年的文明史。中国位于亚洲东部、太平洋西岸。中国陆地面积有960万平方公里，13亿人口，有34个省级行政单位，其中包括23个省、5个自治区、4个直辖市和两个特别行政区。中国由56个民族组成，官方语言为汉语普通话。中国的首都是北京。

A Brief Introduction to China

China has a 5,000-year history of civilization. It is located in East Asia and on the west bank of the Pacific Ocean. China has a land area of 9.6 million square kilometers and a population of 1.3 billion. Its 34 provincial administrative districts include 23 provinces, five autonomous regions, four municipalities directly under the Central Government and two special administrative regions. The Chinese people is composed of 56 ethnic groups. The official language is Mandarin, and the capital is Beijing.

18 Wǒmen de Fēijī Zhèngzài Xiàjiàng 我们的飞机正在下降 Our Plane Is Descending Now

18 

Bèijiàng
备降
Making preparations for landing

• 重点句 • Key Sentences

Fēijī yùjì jiāng zài dāngdì shíjiān shíwǔ diǎn dàodá Kěnnídí Guójì Jīchǎng.
1. 飞机预计将在当地时间15点到达肯尼迪国际机场。
The plane is expected to arrive at John F. Kennedy International Airport at 15: 00 local time.

Mùqián tiānqì qínglǎng, dìmiàn wēndù shì shíqī shèshìdù.
2. 目前天气晴朗，地面温度是17摄氏度。
The weather is fine now, and the ground temperature is 17℃ .

Jī shang yúlè xìtǒng jíjiāng guānbì, chéngwùyuán jiāng shōuhuí ěrjī.
3. 机上娱乐系统即将关闭，乘务员将收回耳机。
The entertainment system on the plane will be closed soon, and the flight attendants will take back the earphones.

Rúguǒ yǒu rènhé wèntí, qǐng suíshí jiào wǒmen.
4. 如果有任何问题，请随时叫我们。
If you have any questions, please feel free to contact us at anytime.

课文 → Texts

（一）

（落地前信息预报广播 Information announcement before landing）

Gè wèi nǚshì、gè wèi xiānsheng:

各位女士、各位先生：

Fēijī yùjì jiāng zài dāngdì shíjiān shíwǔ diǎn dàodá Kěnnídí Guójì Jīchǎng. Mùqián tiānqì qínglǎng, dìmiàn wēndù shì shíqī shèshìdù, liùshí'èr diǎn liù huáshìdù. Ānquándài xìnhàodēng yǐjīng liàngqǐ, xǐshǒujiān dàyuē zài wǔ fēnzhōng hòu guānbì. Jī shang yúlè xìtǒng jíjiāng guānbì, chéngwùyuán jiāng shōuhuí ěrjī. Xièxie!

飞机预计将在当地时间15点到达肯尼迪国际机场。目前天气晴朗，地面温度是17摄氏度，62.6华氏度。安全带信号灯已经亮起，洗手间大约在5分钟后关闭。机上娱乐系统即将关闭，乘务员将收回耳机。谢谢！

（落地前安检广播 Security check announcement before landing）

Gè wèi nǚshì、gè wèi xiānsheng:

各位女士、各位先生：

Wǒmen de fēijī zhèngzài xiàjiàng, xǐshǒujiān tíngzhǐ shǐyòng. Wèile nín de ānquán, qǐng nín jìhǎo ānquándài, shōuqǐ xiǎo zhuōbǎn, tiáozhí zuòyǐ kàobèi, dǎkāi zhēguāngbǎn. Qǐng guānbì shǒutí diànnǎo、MP sān děng xiǎoxíng diànzǐ shèbèi. Xièxie!

我们的飞机正在下降，洗手间停止使用。为了您的安全，请您系好安全带，收起小桌板，调直座椅靠背，打开遮光板。请关闭手提电脑、MP3等小型电子设备。谢谢！

（二）

飞机降落前，一位乘客拿着入境卡向乘务员询问。

A passenger with an entry card in his hand is consulting a flight attendant before landing.

Xiǎojie, qǐngwèn, zhè shì shénme?
乘　客：小姐，请问，这是什么？

Zhè shì rùjìngkǎ, qǐng nín zài xià fēijī qián tiánhǎo.
乘务员：这是入境卡，请您在下飞机前填好。

Rúguǒ yǒu rènhé wèntí, qǐng suíshí jiào wǒmen.
如果有任何问题，请随时叫我们。

Hǎo de, xièxie. Hái yǒu, wǒ xiǎng wèn yíxià,
乘　客：好的，谢谢。还有，我想问一下，

kěyǐ dài shuǐguǒ rùjìng ma?
可以带水果入境吗？

Duìbuqǐ, xiānsheng, gēnjù Měiguó hǎiguān de guīdìng,
乘务员：对不起，先生，根据美国海关的规定，

nín bù néng bǎ xīnxiān shuǐguǒ dàirù jìngnèi. Nín bìxū zài luòdì qián bǎ tāmen chǔlǐ
您不能把新鲜水果带入境内。您必须在落地前把它们处理

diào, huòzhě jiāo gěi wǒmen chéngwùyuán.
掉，或者交给我们乘务员。

Hǎo de.
乘　客：好的。（指着入境旅客物品申报单 Pointing at the baggage declaration form for inward passengers）Zhège yě xūyào tián ma?
这个也需要填吗？

Rúguǒ nín dàile yào shàngshuì de wùpǐn, bìxū tiánxiě, fǒu zé huì bèi zhòng fá.
乘务员：如果您带了要上税的物品，必须填写，否则会被重罚。

生词 → New Words 

1.	落地	luò//dì	（动）	to land
2.	晴朗	qínglǎng	（形）	fine, sunny
3.	地面温度	dìmiàn wēndù		ground temperature
4.	摄氏度	shèshìdù	（名）	degree centigrade
5.	华氏度	huáshìdù	（名）	degree Fahrenheit

6.	信号灯	xìnhàodēng	（名）	signal lamp
7.	亮	liàng	（形）	bright
8.	收回	shōuhuí	（动）	to take back
9.	入境卡	rùjìngkǎ	（名）	entry card
10.	任何	rènhé	（代）	any, whatever
11.	随时	suíshí	（副）	anytime
12.	叫	jiào	（动）	to call
13.	海关	hǎiguān	（名）	customs
14.	新鲜	xīnxiān	（形）	fresh
15.	处理	chǔlǐ	（动）	to dispose of
16.	入境旅客物品申报单	rùjìng lǚkè wùpǐn shēnbàodān		baggage declaration form for inward passengers
17.	否则	fǒuzé	（连）	or, otherwise
18.	被	bèi	（介）	(*indicating the passive voice*) by
19.	重罚	zhòng fá		to be fined heavily

注释 → Notes

● 地面温度是17摄氏度，62.6华氏度。

华氏度=32+摄氏度×1.8 例如：

degree Fahrenheit =32+degree centigrade × 1.8. For example,

38摄氏度=100.4华氏度

语法 → Grammar

● 否则会被重罚。

"被"字句 是用介词"被"及其宾语做状语来表示被动意义的动词谓语句。其结构是：主语 + "被" + (宾语) + 动词 + 其他成分 例如：

The "被"-sentence is a kind of sentence with a verbal predicate where the preposition "被" and its object serve as the adverbial modifier indicating the passive voice. The structure is: subject+ "被" + (object) + verb + other elements. For example,

① 垃圾被空姐收走了。 Lājī bèi kōngjiě shōuzǒu le.

② 耳机被我弄坏了。 Ěrjī bèi wǒ nònghuài le.

③ 她被派到香港的航空公司工作了。

Tā bèi pàidào Xiānggǎng de hángkōng gōngsī gōngzuò le.

练习 → Exercises

一、跟读拼音 Read the *pinyin* after the recording. 

huǒchē（火车）	lǎoshī（老师）	shǒujī（手机）	jǐnzhāng（紧张）
jiějué（解决）	xiǎoshí（小时）	yǐwéi（以为）	lǚxíng（旅行）
liǎojiě（了解）	shǒubiǎo（手表）	suǒyǐ（所以）	zhǐhǎo（只好）
bǐjiào（比较）	kǎoshì（考试）	lǐwù（礼物）	wǔfàn（午饭）
zěnme（怎么）	nuǎnhuo（暖和）	yǎnjing（眼睛）	xǐhuan（喜欢）

二、跟读词语

Read the words and expressions after the recording. 

tiānqì qínglǎng 天气晴朗	dìmiàn wēndù 地面温度	shíqī shèshìdù 17 摄氏度	ānquándài xìnhàodēng 安全带信号灯
jíjiāng guānbì 即将关闭	shōuhuí ěrjī 收回耳机	zhèngzài xiàjiàng 正在下降	tíngzhǐ shǐyòng 停止使用
rènhé wèntí 任何问题	suíshí jiào wǒmen 随时叫我们	Zhōngguó hǎiguān 中国海关	xīnxiān shuǐguǒ 新鲜水果
dàirù jìngnèi 带入境内	bèi zhòng fá 被重罚		

三、替换画线部分 Substitute the underlined parts. 

Mùqián tiānqì qínglǎng, dìmiàn wēndù shì shíqī shèshìdù.

1. 目前天气晴朗，地面温度是17摄氏度。

yǒu xiǎo yǔ 有小雨	shí 10
yǒu xuě 有雪	língxià wǔ 零下5

Jī shang yúlè xìtǒng jíjiāng guānbì.

2. 机上娱乐系统即将关闭。

fēijī 飞机	qǐfēi 起飞
cāngmén 舱门	guānbì 关闭
hángbān 航班	dàodá 到达

Rúguǒ nín dàile yào shàngshuì de wùpǐn, bìxū tiánxiě, fǒuzé huì bèi zhòng fá.

3. 如果您带了要上税的物品，必须填写，否则会被重罚。

Qǐng nín jìhǎo ānquándài 请您系好安全带	kěnéng huì fāshēng yìwài 可能会发生意外
Qǐng nín guānbì suǒyǒu diànzǐ shèbèi 请您关闭所有电子设备	huì yǐngxiǎng dǎoháng xìtǒng 会影响导航系统
Qǐng nín búyào zhàn zài tōngdào shang 请您不要站在通道上	huì yǐngxiǎng qítā lǚkè dēng jī 会影响其他旅客登机

四、选词填空 Choose the words to fill in the blanks.

suíshí 随时	dàyuē 大约	wēndù 温度	yùjì 预计	dǎ 打	jǐngdiǎn 景点

Fēijī ______ jiāng zài dāngdì shíjiān shíwǔ diǎn dàodá Kěnnídí Guójì Jīchǎng.

1. 飞机______将在当地时间15点到达肯尼迪国际机场。

Xǐshǒujiān ______ zài wǔ fēnzhōng hòu guānbì.

2. 洗手间______在5分钟后关闭。

Dìmiàn shì shíqī shèshìdù.

3\. 地面____________是 17 摄氏度。

Rúguǒ yǒu rènhé wèntí, qǐng jiào wǒmen.

4\. 如果有任何问题，请____________叫我们。

Niǔyuē yǒu hěn duō zhùmíng de

5\. 纽约有很多著名的____________。

Huòkuǎn jiāng zài yí ge yuè hòu rù nín de zhànghù.

6\. 货款将在一个月后____________入您的账户。

五、完成句子 Complete the sentences.

（落地前信息预报广播 Information announcement before landing）

________________________：

Fēijī jiāng zài dàodá Mùqián dìmiàn

飞机将在____________到达____________。目前____________，地面

wēndù shì Ānquándài xìnhàodēng yǐjīng liàngqǐ, xǐshǒujiān

温度是____________。安全带信号灯已经亮起，洗手间____________。

jíjiāng guānbì, jiāng shōuhuí Xièxie!

____________即将关闭，____________将收回____________。谢谢！

六、组成句子 Unscramble the sentences.

xiāoshòu mǎshàng wǒmen miǎnshuì jìnxíng shāngpǐn yào

1\. 销售 马上 我们 免税 进行 商品 要

____

bù néng zhīqián fù kuǎn dǎkāi

2\. 不能 之前 付款 打开

____

bāozhuāng wǒ nín qù yíxià gěi
3. 包装 我 您 去 一下 给

____

yúkuài Niǔyuē zhù zhīxíng nín
4. 愉快 纽约 祝 之行 您

____

xiàjiàng fēijī de wǒmen zhèngzài
5. 下降 飞机 的 我们 正在

____

Měiguó hǎiguān gēnjù guīdìng de zhège dàishàng fēijī bù néng
6. 美国 海关 根据 规定 的 这个 带上 飞机 不能

____

七、情景表达 Situational expression

扮演乘务员，用汉语表演飞机降落前提醒乘客作好准备。

Play the part of a flight attendant and remind the passengers to be well prepared before landing.

补充词语 Supplementary Words

1.	雨	yǔ	（名）	rain
2.	雪	xuě	（名）	snow
3.	雾	wù	（名）	fog
4.	风	fēng	（名）	wind
5.	零下	língxià	（名）	below zero

6.	健康证书	jiànkāng zhèngshū		bill of health
7.	外币登记表	wàibì dēngjìbiǎo		foreign currency registration certificate
8.	检疫	jiǎnyì	（动）	to quarantine
9.	时差	shíchā	（名）	time lag

你知道吗？ Do you know it?

中国的气候

中国面积广大，因此气候类型特征也千差万别。

东部地区多为季风气候，秦淮以北冬季寒冷干燥，夏季高温多雨；秦淮以南地区冬季低温少雨，夏季高温多雨。北方地区受陆地影响较大，所以气候的特征多带有大陆性。

西北部地区多为非季风区，气温的日较差和年较差都比较大，降水也相应较少，所以景观以草原和沙漠为主。

西南地区，也就是青藏高原地区，以独特的高寒气候为其特征，夏季温度最低，冬季寒冷，同时气温的日较差也大。

春节的除夕之夜，当北国的哈尔滨人穿着厚厚的大衣，冒着摄氏零下 30 多度的严寒在公园里观赏冰灯和冰雕的时候，南国的广州人却穿着春天的时装，手捧着盆栽柑橘在逛迎春花市。

The Climates in China

Due to the vast land area, climate types in China are different from one another.

The eastern region generally has a monsoon climate. The climate in the area north of the Qinling-Huaihe Line is characterized by cold and dry winters and hot and rainy summers, and that in the area south of the Qinling-Huaihe Line is characterized by mildly cold winters without much rain and hot and rainy summers. The climate in the northern region, more influenced by the land than by the sea, has a continental characteristic.

The northwestern region is mainly a non-monsoon region. The daily and yearly temperature ranges are both very large, and rain is relatively less there, so the landscapes there are mainly grasslands and deserts.

The southwestern region, i.e. the Qinghai-Tibet Plateau and its surrounding areas, is characterized by its unique alpine climate. Of all regions in China, it has the lowest temperature in summer and is frigidly cold in winter. Meantime, the daily temperature range there is large.

On Spring Festival Eve, when the people in Harbin, with heavy coats on, are enjoying ice lanterns and ice sculptures in parks where the temperature is over 30 degrees centigrade below zero, the people in Guangzhou, wearing spring fashions, are strolling around winter jasmine markets with potted orange trees in their hands.

Gǎnxiè Nín Chéngzuò Běn Cì Hángbān

感谢您乘坐本次航班

Thank You for Taking This Flight 19

Dǐdá
抵达
Arriving

• 重点句 •
Key Sentences

Kěnnídí Guójì Jīchǎng jù shìqū yuē qīshí gōnglǐ.
1. 肯尼迪国际机场距市区约 70 公里。
The John F. Kennedy International Airport is about 70 kilometers away from downtown.

Zài cāngmén kāiqǐ qián, qǐng búyào dǎkāi shǒujī.
2. 在舱门开启前，请不要打开手机。
Please do not turn on your cell phones until the cabin door is open.

Wǒmen de fēijī xiànzài tíngkào zài qī hào hángzhànlóu.
3. 我们的飞机现在停靠在 7 号航站楼。
Our plane is now docked at Terminal 7.

课文 → Texts

(一)

（落地广播 Landing announcement）

Gè wèi nǚshì、gè wèi xiānsheng:
各位女士、各位先生：

Chángtú lǚxíng, dàjiā yílù xīnkǔ le. Huānyíng láidào Niǔyuē. Kěnnídí Guójì Jīchǎng
长途旅行，大家一路辛苦了。欢迎来到纽约。肯尼迪国际机场
jù shìqū yuē qīshí gōnglǐ.
距市区约 70 公里。

Fēijī zhèngzài huáxíng. Wèile nín de ānquán, qǐng nín jìhǎo ānquándài, zài zuòwèi shang
飞机正在滑行。为了您的安全，请您系好安全带，在座位上
zuòhǎo. Zài cāngmén kāiqǐ qián, qǐng búyào dǎkāi shǒujī, xíngli wùpǐn qǐng zài fēijī tíng
坐好。在舱门开启前，请不要打开手机，行李物品请在飞机停
wěn hòu tíqǔ. Dāng nín xià jī shí, qǐng zhǔnbèi hǎo rùjìngkǎ、hùzhào, yǐbiàn rùjìng jiǎnchá.
稳后提取。当您下机时，请准备好入境卡、护照，以便入境检查。

……

Wǒmen de fēijī xiànzài tíngkào zài qī hào hángzhànlóu. Gǎnxiè nín chéngzuò běn cì hángbān,
我们的飞机现在停靠在7号航站楼。感谢您乘坐本次航班，
wǒmen qīdàizhe nín de zàicì guānglín.
我们期待着您的再次光临。

（二）

空姐站在机舱门口送别乘客。

The stewardesses are standing by the door of the cabin.

Qǐng dàjiā dàihǎo suíshēn wùpǐn. Gǎnxiè nín chéngzuò běn cì hángbān. Zàijiàn!
乘务员1： 请大家带好随身物品。感谢您乘坐本次航班。再见！

Zhù nín zài Niǔyuē dùguò měihǎo shíguāng!
乘务员2： 祝您在纽约度过美好时光！

Gǎnxiè nín duì wǒmen gōngzuò de zhīchí! Zàijiàn!
乘务员3： 感谢您对我们工作的支持！再见！

Xièxie! Zàijiàn!
乘务员4： 谢谢！再见！

生词 → New Words

1.	长途旅行	chángtú lǚxíng		a long journey
2.	辛苦	xīnkǔ	（形）	hard, toilsome
3.	距	jù	（动）	to be away from
4.	市区	shìqū	（名）	downtown
5.	公里	gōnglǐ	（名）	kilometer
6.	滑行	huáxíng	（动）	to slide, to taxi
7.	停稳	tíng wěn		to stop safely
8.	提取	tíqǔ	（动）	to claim, to pick up
9.	以便	yǐbiàn	（连）	so as to
10.	停靠	tíngkào	（动）	to dock at
11.	航站楼	hángzhànlóu	（名）	terminal
12.	期待	qīdài	（动）	to look forward to
13.	再次	zàicì	（副）	again
14.	光临	guānglín	（动）	to be present
15.	度过	dùguò	（动）	to spend (time)
16.	美好时光	měihǎo shíguāng		good time
17.	支持	zhīchí	（动）	to support

注释 → Notes

● **肯尼迪国际机场距市区约 70 公里。**

公里　1 公里约为 0.62 英里。

1 kilometer is about 0.62 mile.

语法 → Grammar

● 我们期待着您的再次光临。

动词+“着” 动词后边加动态助词“着”表示动作或状态的持续。例如：

Verb+“着”: The auxiliary “着” is used after a verb to indicate the continuation of an action or state. For example,

① 我们正等着天气好转。 Wǒmen zhèng děngzhe tiānqì hǎozhuǎn.

② 请不要在过道上站着。 Qǐng búyào zài guòdào shang zhànzhe.

③ 现在外面正下着小雨，请小心路滑。

Xiànzài wàimian zhèng xiàzhe xiǎo yǔ, qǐng xiǎoxīn lù huá.

练习 → Exercises

一、跟读拼音 Read the *pinyin* after the recording.

qìchē（汽车）	diàntī（电梯）	jiànkāng（健康）	hòutiān（后天）
liànxí（练习）	wàiguó（外国）	fùxí（复习）	jìjié（季节）
bànfǎ（办法）	jìzhě（记者）	hàomǎ（号码）	kèkǔ（刻苦）
bìyè（毕业）	dàgài（大概）	jìxù（继续）	jièshào（介绍）
xíngli（行李）	yuèliang（月亮）	gèzi（个子）	dàifu（大夫）

二、跟读词语 Read the words and expressions after the recording.

chángtú lǚxíng 长途旅行　　yílù xīnkǔ le 一路辛苦了　　zhèngzài huáxíng 正在滑行　　cāngmén kāiqǐ 舱门开启

fēijī tíngwěn 飞机停稳　　rùjìng jiǎnchá 入境检查　　zàicì guānglín 再次光临

dàihǎo suíshēn wùpǐn 带好随身物品　　dùguò měihǎo shíguāng 度过美好时光　　gǎnxiè zhīchí 感谢支持

三、替换画线部分 Substitute the underlined parts.

Kěnnídí Guójì Jīchǎng jù shìqū yuē qīshí gōnglǐ.
1. 肯尼迪国际机场距市区约 70 公里。

Běijīng 北京	Shànghǎi 上海	yìqiān wǔbǎi gōnglǐ 1500 公里
zhèli 这里	fúwùtái 服务台	yìbǎi mǐ 100 米
miǎnshuìdiàn 免税店	dēngjīkǒu 登机口	wǔbǎi mǐ 500 米

Zài cāngmén kāiqǐ qián qǐng búyào dǎkāi shǒujī.
2. 在舱门开启前请不要打开手机。

dǎkāi ānquándài 打开安全带
dǎkāi xínglixiāng 打开行李箱
líkāi zuòwèi 离开座位

四、选词填空 Choose the words to fill in the blanks.

huáxíng 滑行　shōuhuí 收回　tíngkào 停靠　kāiqǐ 开启　tián 填　chéngzuò 乘坐

Fēijī zhèngzài ______, wèile nín de ānquán, qǐng nín jìhǎo ānquándài, zài zuòwèi shang zuòhǎo.
1. 飞机正在________，为了您的安全，请您系好安全带，在座位上坐好。

Zài cāngmén ______ qián qǐng búyào dǎkāi shǒujī.
2. 在舱门________前请不要打开手机。

Wǒmen de fēijī xiànzài ______ zài qī hào hángzhànlóu.
3. 我们的飞机现在________在 7 号航站楼。

Gǎnxiè nín běn cì hángbān. Zàijiàn!
4. 感谢您__________本次航班。再见！

Zhè shì rùjìngkǎ, qǐng nín zài xià fēijī qián hǎo.
5. 这是入境卡，请您在下飞机前__________好。

Jī shang yúlè xìtǒng jíjiāng guānbì, chéngwùyuán jiāng ěrjī.
6. 机上娱乐系统即将关闭，乘务员将__________耳机。

五、完成句子 Complete the sentences.

（落地广播 Landing announcement）

Gè wèi nǚshì、gè wèi xiānsheng:
各位女士、各位先生：

Chángtú lǚxíng, dàjiā Huānyíng láidào
长途旅行，大家______________。欢迎来到______________________，

jīchǎng jù shìqū yuē
机场距市区约________________。

Fēijī zhèngzài wèile qǐng nín
飞机正在____________________，为了____________________，请您

jìhǎo ānquándài, zài zuòwèi shang zuòhǎo. Zài qián, qǐng búyào
系好安全带，在座位上坐好。在____________________前，请不要______

qǐng zài fēijī tíngwěn hòu tíqǔ. Dāng nín xià jī shí, qǐng
______________，_______________请在飞机停稳后提取。当您下机时，请

zhǔnbèi hǎo yǐbiàn
准备好______________，以便______________。

……

Wǒmen de fēijī xiànzài tíngkào zài Gǎnxiè nín wǒmen
我们的飞机现在停靠在_____________。感谢您_____________，我们

qīdàizhe
期待着______________。

六、组成句子 Unscramble the sentences.

shìqū	jù	yuē	Kěnnídí Guójì Jīchǎng	qīshí gōnglǐ			
1. 市区	距	约	肯尼迪国际机场	70 公里			

____

láidào	huānyíng	Niǔyuē					
2. 来到	欢迎	纽约					

____

zhīchí	de	gǎnxiè	wǒmen	duì	gōngzuò	nín	
3. 支持	的	感谢	我们	对	工作	您	

____

kāiqǐ	zài	qǐng	cāngmén	búyào	qián	shǒujī	dǎkāi
4. 开启	在	请	舱门	不要	前	手机	打开

____

qīdài	zàicì	wǒmen	zhe	de	guānglín	nín	
5. 期待	再次	我们	着	的	光临	您	

____

七、情景表达 Situational expression

请根据你的飞行/乘机经验，向大家作一次飞机落地后的地面情况介绍及安全教育。

Please give us an introduction to the ground condition after landing and some safety education according to your flight experience.

补充词语 Supplementary Words

1.	乘客班车	chéngkè bānchē		passenger bus
2.	摆渡车	bǎidùchē	（名）	ferry bus

3. 到达大厅 dàodá dàtīng arrival lounge

4. 中转柜台 zhōngzhuǎn guìtái transfer correspondence

5. 登机廊桥 dēngjī lángqiáo air bridge

你知道吗？ Do you know it?

乐购在北京

北京市简称京，是中国的首都，直辖市之一，是中国的政治、文化和外交中心。

北京有一百多家大中型购物商场，王府井大街、前门大栅栏、西单商业街是北京的传统商业区，国贸商城、东方新天地、中关村广场是近年来新崛起的商业区。同时，北京休闲娱乐的地方也有很多，如798艺术区、三里屯酒吧街、后海酒吧街、南锣鼓巷等。如果您对古玩感兴趣，就到琉璃厂或潘家园的古玩城逛逛吧。如果您对外贸服装情有独钟，那可一定别错过秀水街和雅秀服装批发市场。

王府井
Wángfǔjǐng

前门商业街
Qiánmén Shāngyè Jiē

Shopping and Having Fun in Beijing

Beijing, or Jing for short, is the capital of China as well as one of the municipalities directly under the Central Government. It is the political, cultural and diplomacy center of China.

There are more than 100 big and medium-sized shopping malls in Beijing. Among them, Wangfujing Street, Qianmen Dashilar and Xidan Commercial Street are the traditional shopping centers in Beijing; whereas Guomao Shopping Center, Oriental Plaza and Zhongguancun Plaza are commercial hubs newly developed. At the same time, there are also a lot of places for entertainment in Beijing, such as the 798 Art District, Sanlitun Bar Street, Houhai Bar Street and Nanluoguxiang Hutong District. If you have any interest in antiques, you might want to visit the antique markets at Liulichang or Panjiayuan. If you have a taste for foreign trade clothes, then you must not miss Xiushui Street and Yaxiu Clothing Wholesale Market.

20 Zài Nǎr tíqǔ Xíngli 在哪儿提取行李 Where Shall I Claim the Baggage

Xíngli tíqǔ
行李提取
Baggage claiming

20

• 重点句 • Key Sentences

Wǒ kěyǐ kàn yíxià nín de xínglipiào ma?
1. 我可以看一下您的行李票吗?
May I have a look at your baggage check?

Wǒ gěi nín cháchá wú rén lǐngqǔ xíngli jìlù.
2. 我给您查查无人领取行李记录。
I will check the records of unclaimed baggage for you.

Qǐng nín gēn wǒ dào liù hào xíngli tíqǔqū qù qǔ xíngli.
3. 请您跟我到6号行李提取区去取行李。
Please follow me and pick up your baggage in the sixth baggage claim area.

课文 → Texts

(一)

Xiānsheng, qǐngwèn zài nǎr tíqǔ xíngli?
乘　　客：先生，请问在哪儿提取行李?

Nín kěyǐ kàn nàbian de xìnxī xiǎnshìpíng, zhǎodào nín de hángbānhào, hòumian yǒu duìyìng de xíngli tíqǔqū.
工作人员：您可以看那边的信息显示屏，找到您的航班号，后面有对应的行李提取区。

Hǎo de, xièxie!
乘　　客：好的，谢谢!

……

（一位乘客在行李提取区只领到一件行李 A passenger got only one piece of her baggage in the baggage claim area）

Xiānsheng, wǒ yígòng tuōyùnle liǎng jiàn xíngli, xiànzài zhǐ lǐngdào yí jiàn.
乘　　客： 先生，我一共托运了两件行李，现在只领到一件。

Nín bié zháojí, qǐng gàosu wǒ nín de hángbānhào.
工作人员： 您别着急，请告诉我您的航班号。

Cóng Niǔyuē fēilái de C líng líng bā jiǔ cì hángbān.
乘　　客： 从纽约飞来的 C 0089 次航班。

Wǒ kěyǐ kàn yíxià nín de dēngjīpái hé xínglipiào ma?
工作人员： 我可以看一下您的登机牌和行李票吗？

Gěi nín.
乘　　客： 给您。

Nín de xíngli shì shénmeyàng de?
工作人员： 您的行李是什么样的？

Shì yí ge hēisè de shǒutíxiāng.
乘　　客： 是一个黑色的手提箱。

Wǒ gěi nín chácha wú rén lǐngqǔ xíngli jìlù.
工作人员： 我给您查查无人领取行李记录。

Zhǎodào le! Xiǎojie, qǐng nín gēn wǒ dào liù hào xíngli tíqǔqū qù qǔ xíngli.
……找到了！小姐，请您跟我到 6 号行李提取区去取行李。

Tài hǎo le! Tài xièxie nín le!
乘　　客： 太好了！太谢谢您了！

Bú kèqi!
工作人员： 不客气！

（二）

一位乘客在问讯处询问。

A passenger is at the inquiry desk.

Nín hǎo! Wǒ xiǎng qù Dōngzhímén, yǒu dào nàr de jīchǎng dàbā ma?
乘　　客： 您好！我想去东直门，有到那儿的机场大巴吗？

Yǒu. Nín cóng nàge chūkǒu chūqu, ménkǒu jiù yǒu jīchǎng dàbā.
工作人员：有。您从那个出口出去，门口就有机场大巴。
Nín hái kěyǐ zuò jīchǎng kuàiguǐ, shíjǐ fēnzhōng jiù dào le.
您还可以坐机场快轨，十几分钟就到了。
Wǒ de xíngli bǐjiào duō, yàoshi dǎchē, dàgài xūyào duōshao qián?
乘　　客：我的行李比较多，要是打车，大概需要多少钱？
Bù dǔchē dehuà, dàgài xūyào liù-qīshí yuán.
工作人员：不堵车的话，大概需要六七十元。
Hǎo de, xièxie!
乘　　客：好的，谢谢！

生词 → New Words

1.	信息显示屏	xìnxī xiǎnshìpíng		information screen
2.	对应	duìyìng	（动）	to correspond to
3.	行李提取区	xíngli tíqǔqū		baggage claim area
4.	领	lǐng	（动）	to claim, to get
5.	手提箱	shǒutíxiāng	（名）	suitcase
6.	无人领取行李记录	wú rén lǐngqǔ xíngli jìlù		record of unclaimed baggage
7.	机场大巴	jīchǎng dàbā		airport shuttle
8.	机场快轨	jīchǎng kuàiguǐ		airport express train
9.	要是	yàoshi	（连）	if, suppose
10.	打车	dǎ//chē	（动）	to take a taxi
11.	堵车	dǔ//chē	（动）	traffic jam
12.	的话	dehuà	（助）	if, suppose

注释 → Notes

● 不堵车的话，大概需要六七十元。

……的话 表示假设，意思为“如果……”，多用于口语，也可以说“如果/要是……的话”。例如：

“……的话” indicates a hypothesis, meaning “如果……” (if...). It is mainly used in spoken language. We can also say “如果 / 要是……的话”. For example,

①（如果）您感觉不舒服的话，我们有药。

（Rúguǒ）Nín gǎnjué bù shūfu dehuà, wǒmen yǒu yào.

②（要是）您有需要的话，您可以按呼叫铃。

（Yàoshi）Nín yǒu xūyào dehuà, nín kěyǐ àn hūjiàolíng.

语法 → Grammar

● 十几分钟就到了。
大概需要六七十元。

概数的表达

Expressions of Approximate Numbers

1.“几”表示大于 1 小于 10 的不定数目。例如：

“几” indicates an uncertain number between 1 and 10. For example,

① 飞机上有十几个乘务员。 Fēijī shang yǒu shíjǐ ge chéngwùyuán.

② 几百位乘客滞留在候机大厅里。 Jǐbǎi wèi chéngkè zhìliú zài hòujī dàtīng li.

③ 我去过几次美国。 Wǒ qùguo jǐ cì Měiguó.

2. 相邻的两个数词连用表示概数。（参见第 4 课注释）例如：

The juxtaposition of two adjacent numbers indicates an approximate number. (See the Notes in Lesson 4.) For example,

① 从北京到上海坐飞机需要两三个小时。 Cóng Běijīng dào Shànghǎi zuò fēijī xūyào liǎng-sān ge xiǎoshí.

② 我的行李大概十五六公斤。 Wǒ de xíngli dàgài shíwǔ-liù gōngjīn.

③ 去那儿的机票要五六千块钱。 Qù nàr de jīpiào yào wǔ-liùqiān kuài qián.

练习 → Exercises

一、跟读拼音 Read the *pinyin* after the recording.

fēijī（飞机）	huānyíng（欢迎）	jīchǎng（机场）
qiānzhèng（签证）	xiāngzi（箱子）	míngtiān（明天）
yínháng（银行）	ménkǒu（门口）	xíguàn（习惯）
xíngli（行李）	qǐfēi（起飞）	jiǎnchá（检查）
shuǐguǒ（水果）	lǚkè（旅客）	yǐzi（椅子）
miànbāo（面包）	liànxí（练习）	zhèli（这里）
hùzhào（护照）	piàoliang（漂亮）	

二、跟读词语，注意声调

Read the words and expressions after the recording, and pay attention to the tones.

tíqǔ xíngli 提取行李	xìnxī xiǎnshìpíng 信息显示屏	xíngli tíqǔqū 行李提取区	wú rén lǐngqǔ xíngli jìlù 无人领取行李记录
jīchǎng dàbā 机场大巴	zuò jīchǎng kuàiguǐ 坐机场快轨	dǎchē 打车	dǔchē 堵车

三、替换画线部分 Substitute the underlined parts.

Qǐng nín gēn wǒ dào liù hào xíngli tíqǔqū qù qǔ xíngli.
1. 请您跟我到 6 号行李提取区去取行李。

> lái zhèbian, nín de zuòwèi zài zhèr
> 来这边，您的座位在这儿
>
> zuò jī shang bǎojiàncāo
> 做机上保健操
>
> qù shīwù zhāolǐngchù
> 去失物招领处

Nín hái kěyǐ zuò jīchǎng kuàiguǐ，shíjǐ fēnzhōng jiù dào le.

2. 您还可以坐机场快轨，十几分钟就到了。

zuò jīchǎng dàbā 坐机场大巴	piàojià shì shíliù yuán 票价是 16 元
dǎchē 打车	dàgài wǔshí kuài qián 大概 50 块钱
kāichē guòqu 开车过去	nàr yǒu tíngchēchǎng 那儿有停车场

（Yàoshi） Bù dǔchē dehuà， dàgài xūyào liù-qīshí yuán.

3.（要是）不堵车的话，大概需要六七十元。

xià dà yǔ 下大雨	fēijī bù néng qǐfēi 飞机不能起飞
nín lěng 您冷	wǒmen yǒu máotǎn 我们有毛毯
gǎn shíjiān 赶时间	nín kěyǐ dǎchē 您可以打车

四、选词填空 Choose the words to fill in the blanks.

tíqǔ 提取　xínglipiào 行李票　qínglǎng 晴朗　tiáozhí 调直　chūkǒu 出口　duìyìng 对应

shōuqǐ 收起　guānbì 关闭　hùzhào 护照　suíshēn 随身

Qǐngwèn，zài nǎr ________ xíngli?

1. 请问，在哪儿________行李？

Xìnxī xiǎnshìpíng hòumian yǒu ________ de xíngli tíqǔqū.

2. 信息显示屏后面有________的行李提取区。

Wǒ kěyǐ kàn yíxià nín de dēngjīpái hé ________ ma?

3. 我可以看一下您的登机牌和________吗？

Nín cóng nàge ________ chūqu, ménkǒu jiù yǒu jīchǎng dàbā.
4. 您从那个________出去，门口就有机场大巴。

Dāng nín xià jī shí, qǐng zhǔnbèi hǎo rùjìngkǎ、________.
5. 当您下机时，请准备好入境卡、________。

Qǐng dàjiā dàihǎo ________ wùpǐn.
6. 请大家带好________物品。

Mùqián tiānqì ________, dìmiàn wēndù shì shíqī shèshìdù.
7. 目前天气________，地面温度是17摄氏度。

Wèile nín de ānquán, qǐng nín jìhǎo ānquándài, ________ xiǎo zhuōbǎn, ________ zuòyǐ kàobèi, dǎkāi zhēguāngbǎn. Qǐng ________ shǒutí diànnǎo、MP sān děng xiǎoxíng diànzǐ shèbèi.
8. 为了您的安全，请您系好安全带，________小桌板，________座椅靠背，打开遮光板。请________手提电脑、MP3等小型电子设备。

五、完成句子 Complete the sentences.

Xiānsheng, qǐngwèn, zài nǎr ________?
1. 乘　　客：先生，请问，在哪儿________？

Nín kěyǐ kàn nàbian de ________, zhǎodào nín de ________, hòumian yǒu duìyìng de ________.
工作人员：您可以看那边的________，找到您的________，后面有对应的________。

Hǎo de, xièxie!
乘　　客：好的，谢谢！

Xiānsheng, wǒ yígòng tuōyùnle ________, xiànzài zhǐ ________.
2. 乘　　客：先生，我一共托运了________，现在只________。

Nín bié zháojí, wǒ kěyǐ kàn yíxià ________ ma?
工作人员：您别着急，我可以看一下________吗？

Gěi nín.

乘　　客：给您。

工作人员：________________________?

Shì yí ge hēisè de shǒutíxiāng.

乘　　客：是一个黑色的手提箱。

Wǒ gěi nín cháchа

工作人员：我给您查查________________。

Zhǎodào le! Xiǎojie，qǐng nín　dào　qù

……找到了！小姐，请您__________到__________去

qǔ xíngli.

取行李。

Tài hǎo le! Tài xièxie nín le!

乘　　客：太好了！太谢谢您了！

Bú kèqi!

工作人员：不客气！

六、组成句子 Unscramble the sentences.

rènhé　suíshí　jiào　rúguǒ　wèntí　yǒu　qǐng　wǒmen

1. 任何　随时　叫　如果　问题　有　请　我们

____

tíngzhǐ　xǐshǒujiān　shǐyòng

2. 停止　洗手间　使用

____

shuǐguǒ　rùjìng　dài　kěyǐ　ma

3. 水果　入境　带　可以　吗

____

tíngwěn fēijī zài hòu qǐng xíngli wùpǐn tíqǔ
4. 停稳 飞机 在 后 请 行李物品 提取

____

nín liù hào xíngli tíqǔqū wǒ qǐng gēn dào xíngli qù qǔ
5. 您 6号行李提取区 我 请 跟 到 行李 去 取

____

七、情景会话 Situational dialogues

1. 一个学生扮演机场工作人员，另一个学生扮演乘客，用汉语表演机场工作人员帮助乘客提取行李的情景。

One student plays the part of an airport staff member, and the other student plays the part of a passenger. Perform the scene of the staff member helping the passenger claim the baggage.

2. 简单介绍机场到市区的交通方式。

Give a brief introduction to the means of transportation one can use to go from the airport to the downtown.

补充词语 Supplementary Words

1.	滞留	zhìliú	（动）	to be held up
2.	保健操	bǎojiàncāo	（名）	fitness exercises
3.	票价	piàojià	（名）	ticket price
4.	停车场	tíngchēchǎng	（名）	parking lot
5.	赶时间	gǎn shíjiān		to be in a hurry
6.	出租车	chūzūchē	（名）	taxi, cab
7.	行李标签	xíngli biāoqiān		baggage label

旗袍　唐装

旗袍（qípáo）是中国传统女性服饰之一，由满族妇女的长袍演变而来。由于满族人又称为“旗人”，故得名“旗袍”。到了20世纪20年代，受西方服饰影响，经改进之后的旗袍逐渐在广大妇女中流行起来。现代旗袍因身剪裁，曲线流畅，材料、做工精良，表现出东方女性典雅、温柔的气质美。旗袍被誉为中华服饰文化的代表。

唐装原意指唐代的汉服。现代意义上的唐装泛指具有中国风格的服饰，是清代具有文化韵味的款式和面料与西式服装立体式剪裁的结合。因为国外称华人居住的地方为“唐人街”，所以“唐人”穿的衣服自然就叫做“唐装”了。现在，唐装逐渐成为国际上对中式服装的通称。

旗袍

著名影星成龙

Cheongsam and the Tang Suit

Cheongsam, or the Qi robe, is one of the traditional female costumes, which has evolved from the robe worn by Manchu women. Since the Manchus are called Qi people, their clothing is called Qi robe. Influenced by the Western dresses, cheongsam, after being improved, gradually became popular among women in 1920s. Cheongsams in modern times are often individually tailored. With the smooth curves and exquisite materials and workmanship, they give expression to the elegant and gentle beauty characteristic of the Oriental women. Cheongsam is reputed as the representative of Chinese clothing.

The Tang suit originally referred to the Hanfu (literally Han people's clothing) in Tang Dynasty. The Tang suit in the modern sense refers to the clothing with Chinese characteristics in general. It combines the culturally appealing style and material popular in the Qing Dynasty with the Western method of three-dimensional tailoring. The place where Chinese live abroad is called "Chinatown", whose Chinese equivalent means "Tang people's street", so the clothing of the "Tang people" is naturally called the Tang suit. Now the Tang suit has gradually become the general term people in other countries use to refer to the Chinese-style clothing.

复习四
Review Four

一、读拼音 Read the following *pinyin*. 

1. 读词语 Read the words and expressions.

miǎnshuì shāngpǐn 免税商品	shuā xìnyòngkǎ 刷信用卡	yǒu mìmǎ 有密码	bāozhuāng yíxià 包装一下
dǐdá jīchǎng 抵达机场	dāngdì shíjiān 当地时间	jiǎnyào jièshào 简要介绍	zhùmíng jǐngdiǎn 著名景点
tiānqì qínglǎng 天气晴朗	dìmiàn wēndù 地面温度	jíjiāng guānbì 即将关闭	tíngzhǐ shǐyòng 停止使用
chángtú lǚxíng 长途旅行	zhèngzài huáxíng 正在滑行	cāngmén kāiqǐ 舱门开启	rùjìng jiǎnchá 入境检查
tíqǔ xíngli 提取行李	xìnxī xiǎnshìpíng 信息显示屏	xíngli tíqǔqū 行李提取区	jīchǎng dàbā 机场大巴

2. 读古诗 Read the ancient poem.

Bái rì yī shān jìn,
白日依山尽，

Huáng Hé rù hǎi liú.
黄河入海流。

Yù qióng qiān lǐ mù,
欲穷千里目，

Gèng shàng yì céng lóu.
更上一层楼。

（唐·王之涣《登鹳雀楼》）

二、读句子 Read the sentences. 

Xiànjīn hé xìnyòngkǎ dōu kěyǐ.
1. 现金和信用卡都可以。

Qǐng nín tián yíxià zhè zhāng tuìhuòdān.
2. 请您填一下这张退货单。

Zhù nín Niǔyuē zhī xíng yúkuài!
3. 祝您纽约之行愉快!

Jī shang yúlè xìtǒng jíjiāng guānbì, chéngwùyuán jiāng shōuhuí ěrjī.
4. 机上娱乐系统即将关闭，乘务员将收回耳机。

Rúguǒ yǒu rènhé wèntí, qǐng suíshí jiào wǒmen.
5. 如果有任何问题，请随时叫我们。

Kěnnídí Guójì Jīchǎng jù shìqū yuē qīshí gōnglǐ.
6. 肯尼迪国际机场距市区约 70 公里。

Gǎnxiè nín chéngzuò běn cì hángbān.
7. 感谢您乘坐本次航班。

Wǒ kěyǐ kàn yíxià nín de xínglipiào ma?
8. 我可以看一下您的行李票吗?

Wǒ gěi nín cháchá wú rén lǐngqǔ xíngli jìlù.
9. 我给您查查无人领取行李记录。

Nín cóng nàge chūkǒu chūqu, ménkǒu jiù yǒu jīchǎng dàbā.
10. 您从那个出口出去，门口就有机场大巴。

三、选择所给句子完成对话

Choose the proper sentences to fill in the blanks.

Zài nǎr tíqǔ xíngli?
A. 在哪儿提取行李?

Fù kuǎn zhīqián bù néng dǎkāi.
B. 付款之前不能打开。

Nín de xíngli shì shénmeyàng de?
C. 您的行李是什么样的?

Nín bù néng bǎ xīnxiān shuǐguǒ dàirù jìngnèi.
D. 您不能把新鲜水果带入境内。

Kěyǐ shuā xìnyòngkǎ ma?
E. 可以刷信用卡吗？

Wǒ néng dǎkāi kànkan ma?
1. A：我能打开看看吗？

Duìbuqǐ,
B：对不起，______________。

2. A：______________？

Xiànjīn hé xìnyòngkǎ dōu kěyǐ.
B：现金和信用卡都可以。

Wǒ xiǎng wèn yíxià，kěyǐ dài shuǐguǒ rùjìng ma?
3. A：我想问一下，可以带水果入境吗？

Duìbuqǐ， xiānsheng，gēnjù Měiguó hǎiguān de guīdìng,
B：对不起，先生，根据美国海关的规定，______________。

Qǐngwèn,
4. A：请问，______________？

Nàbian de xìnxī xiǎnshìpíng yǒu nín de hángbānhào，hòumian yǒu duìyìng de xíngli tíqǔqū.
B：那边的信息显示屏有您的航班号，后面有对应的行李提取区。

5. A：______________？

Shì yí ge hēisè de shǒutíxiāng.
B：是一个黑色的手提箱。

四、用括号里的词语完成句子

Complete the sentences with the given words.

Zhè píng jiǔ kěyǐ tuì ma?
1. A：这瓶酒可以退吗？

Kěyǐ tuì, tián
B：可以退，______________。（填）

Kěyǐ　　　　　　　　　　　　　　xìnyòngkǎ
2. A：可以________________？（信用卡）

Xiànjīn hé xìnyòngkǎ dōu kěyǐ.
B：现金和信用卡都可以。

Zhù nín　　　　　　　　　　　　yúkuài
3. 祝您________________（愉快）

Rùjìng lǚkè wùpǐn　Shēnbàodān yě xūyào tián ma?
4. A：（入境旅客物品）申报单也需要填吗？

Rúguǒ　　　　　　　　　　　　bìxū tiánxiě, fǒuzé huì bèi zhòng fá.
B：如果________________必须填写，否则会被重罚。

shàngshuì
（上税）

Wǒ xiǎng qù Dōngzhímén, yǒu dào nàr de jīchǎng dàbā ma?
5. A：我想去东直门，有到那儿的机场大巴吗？

ménkǒu　chūkǒu　jīchǎng kuàiguǐ
B：________________。（门口　出口　机场快轨）

五、把下面的情景改编成乘客和乘务员的对话

Make up a conversation between a passenger and a flight attendant according to the following situation.

Yí wèi chéngkè zài jī shang mǎile yì píng xiāngshuǐ, chéngkè yāoqiú bāozhuāng yíxià, bìng yòng
一位乘客在机上买了一瓶香水，乘客要求包装一下，并用

xìnyòngkǎ fùzhàng. Dàn hòulái chéngkè yòu bù xiǎng yào le, érqiě yě méi dǎkāi bāozhuāng, yāoqiú chéngwù-
信用卡付账。但后来乘客又不想要了，而且也没打开包装，要求乘务

yuán tuìhuò. Chéngkè zài tiánxiě tuìhuòdān hòu chénggōng tuìhuò.
员退货。乘客在填写退货单后成功退货。

课文英译

Texts in English

Lesson 1　May I Help You

Text One

Staff member: Hello! This is Continental Airlines. May I help you, please?

Passenger: I'd like to book an air ticket from New York to Beijing.

Staff member: OK, one ticket on which date?

Passenger: On May 18th.

Staff member: Just a moment, please. Let me check it for you. (After a while) I am sorry, but all the flights to Beijing on next Friday have been booked up. You can leave me your contact information, and we will inform you if there is any ticket cancellation.

Passenger: All right.

Text Two

Staff member: Hello! May I help you?

Passenger: I'd like to buy an air ticket on May 18th from New York to Beijing. Are there any direct flights?

Staff member: Yes, there are direct flights at 12: 15 and 15: 50.

Passenger: 12: 15 and economy class please. How much is it?

Staff member: 600 dollars. Please show me your passport.

Passenger: Here you are.

Lesson 2　You've Booked a Ticket at a Special Rate

Text One

Staff member: Good afternoon! How can I help you?

Passenger: I want to return a ticket. My name is Zhang Qiang, and the flight number is C0089.

Staff member: Hold on a second please. Let me check it for you. (After a while) I am sorry, sir, but you've booked a ticket at a special rate, which can't be returned.

Passenger: Can it be changed?

Staff member: I am sorry that it can't be changed either.

Text Two

Staff member: Hello! How can I help you?

Passenger: I have bought a ticket from New York to Beijing on May 18th. May I change it to 25th?

Staff member: Hold on a second please. Let me check it for you. (After a while) I am sorry, sir, but all the tickets on 25th have been sold out. Do you want to change it to another date?

Passenger: No, then just give me a refund.

Staff member: All right, but you need to pay a 10% handling charge.

Passenger: OK.

Lesson 3 Your Baggage Is Overweight

Text One

Staff member: Hello!

Passenger: Hello! Is this the check-in counter for Flight C0089 to Beijing, please?

Staff member: Yes, it is. Please show me your air ticket and passport.

Passenger: Here you are.

Staff member: Do you have any baggage to consign?

Passenger: No. May I have a seat by the window?

Staff member: OK. Here is your boarding pass. Please put it away.

Passenger: Thanks.

Text Two

Staff member: Please put your baggage to consign on the conveyor.

Passenger: OK.

Staff member: I'm sorry, sir. Your baggage is overweight. You need to pay 50 dollars for the excess baggage charge.

Passenger: All right. (The passenger is lifting another piece of baggage)
May I carry this on the plane?

Staff member: Yes. Here are your boarding pass and baggage check. Please put them away.

Lesson 4　Where Is the Foreign Exchange Counter

Text One

Passenger: Hello! Could you tell me where the foreign exchange counter is?

Staff member: It's over there. Please go straight ahead from here, then turn left at the KFC, and the exchange counter is just next to the restroom.

Passenger: How far is it from here?

Staff member: It is about 50 to 60 meters away.

Passenger: All right, thank you!

Staff member: You're welcome.

Text Two

Staff member: Hello! May I help you?

Passenger: Hello! I want to exchange Reminbi into US dollars.

Staff member: The exchange rate today is 6.82. How much do you want to exchange?

Passenger: 500 dollars. I want them in small bills.

Staff member: OK. I need to check your passport.

Passenger: Here you are.

Staff member: Thank you. Here is your cash. Please count it.

Passenger: That's right. Thank you!

Lesson 5　Such Liquid Is Not Allowed on the Plane

Text One

Security officer 1: Hello! Please show me your passport and boarding pass.

(The passenger shows her passport and boarding pass)

Security officer 1: All right. Please put away your passport and boarding pass.

(The passenger walks to the conveyor)

Security officer 2: Please put your baggage onto the conveyor, take off your coat, put your metal items and things in your pockets onto this tray and then walk through the security inspection door. Thank you!

(The passenger passes through the door)

Security officer 3: Please take your belongings with you. Wish you a happy journey! Good-bye!

Text Two

Security officer 1: Please stand on this platform. Please raise up your arms... Please turn around. (The hand-held detector sounds) Are there any metal items on you?

Passenger: Oh, I am sorry. It is a bunch of keys. I forgot to take it out.

Security officer 1: It's OK. You may leave now.

Security officer 2: Excuse me, is this your bag? Please open it and I need to have a check.

Passenger: What's wrong with it?

(The security officer takes out a bottle of liquid from the passenger's baggage)

Security officer 2: I am sorry, but according to relevant regulations, such liquid is not allowed on the plane.

Passenger: Just throw it away then.

Lesson 6 Welcome to This Flight

Text One

(Airport announcement)

Dear Passengers, attention please! Flight C0089 from New York to Beijing is now boarding. Please take your belongings with you and board the plane at Gate 15.

Text Two

Flight attendant: Good afternoon! Welcome to this flight!

Passenger 1: Good afternoon!

Flight attendant: Please show me your boarding pass.

Passenger 1: OK.

Flight attendant: Your seat is 16A. Please take the right aisle, and your seat is in the middle of the cabin and next to the window. The seat number is on the baggage shelf.

...

Passenger 2: Excuse me, where is my seat, please?

Flight attendant: Let me see. Please walk straight ahead, and your seat is in the sixth row from the last. Please sit in the right seat.

Lesson 7　Please Put the Baggage into the Overhead Compartment

Text One

Flight attendant: Please sit in your seat after placing your baggage properly, and do not stand in the aisle lest the boarding of passengers behind be affected.

Passenger: Excuse me, miss. Where shall I put my baggage?

Flight attendant: You can put it into the overhead compartment above.

Passenger: Look, this compartment is full of baggage. What shall I do?

Flight attendant: Well, you can put it into the one nearby.

Passenger: I still have a traveling bag with me. Do I need to put it there, too?

Flight attendant: This bag is a little bit too heavy. It may hurt someone if it drops because of bumpiness.

Passenger: Where should I put it then?

Flight attendant: You can put it under the seat in front of you.

Passenger: OK, thanks.

Text Two

Flight attendant: Excuse me, whose baggage is this?

Passenger: It's mine. What's wrong?

Flight attendant: I'm sorry, but this is the emergency exit, and your baggage can't be put here.

Passenger: I am sorry for that. Where should I put it?

Flight attendant: Shall we keep your baggage in the front?

Passenger: Is it all right?

Flight attendant: Please don't worry. We will take good care of it.

Lesson 8 We Are Sorry for the Delay

Text One

Passenger: Hello, the plane is supposed to take off at 12: 15, isn't it?

Flight attendant: The time on the ticket is the time to close the cabin door rather than the time to take off. Please wait for a minute.

…

(Announcement)

Ladies and gentlemen,

The plane is waiting to enter the runway. Please sit in your seat, and wait patiently. We are sorry for the delay.

Passenger: When will the plane possibly take off?

Flight attendant: We don't know yet. We need to wait for the take-off notice.

Text Two

Passenger: Excuse me, miss. Why haven't we taken off yet?

Flight attendant: Sorry, sir, but I am not sure about the specific reason for the delay. I will ask someone right now.

(Announcement)

Ladies and gentlemen,

Due to the bad weather ahead, the plane will continue to stay on the ground for a while. Please understand. We'll inform you immediately if we have any further information.

(An hour later)

Passenger: Miss, how long do we have to wait?

Flight attendant: Sorry, sir, but we are waiting for the weather to get better.

Passenger: What is the weather like now?

Flight attendant: We can not take off until the rainstorm ahead stops. Please wait patiently.

Lesson 9 The Plane Is About to Take Off

Text One

Ladies and gentlemen,

The plane is to take off in a minute, and it is time for the attendants in the passenger cabin to do the safety inspection. Please be well seated, fasten your seat belt, make sure your seat back is in the upright position, lock the tray table and open the window shade. Please keep off electronic devices, such as the laptop and the MP3, etc., during the process of taking off and landing to guarantee the proper functioning of the flight and communication systems. You are not allowed to use electronic devices like the cell phone and the FM radio etc. on this flight. You are not allowed to smoke during the entire trip on this flight either. Now we will show you how to use the facilities on the plane.

Text Two

Ladies and gentlemen,

Welcome to take the Continental Airlines Flight C0089 from New York to Beijing. The flight distance from New York to Beijing is 6,817 kilometers, and the expected time of flight in the sky is 13 hours and 45 minutes. We are expected to arrive at the Capital International Airport at 15: 00 Beijing time. We are now 8,000 meters above the ground, and the flight speed is 900 kilometers per hour. There are 16 crew members on this flight, including 15 attendants and 1 captain. We are wholeheartedly at your service. Thank you!

Lesson 10 What Do You Want to Drink

Text One

(Announcement)

Ladies and gentlemen,

We are about to serve beverages. Please put down the tray table in front of you. We have prepared all kinds of fruit juices, tea, coffee and mineral water.

Flight attendant: Sir, what do you want to drink?

Passenger 1: I want a cup of hot tea.

Flight attendant: Which kind of tea would you prefer, black tea or green tea?

Passenger 1: Black tea, please.

Flight attendant: Okay, here you are. Be careful. It is hot.

(The flight attendent speaks to another passenger)

Flight attendant: What about you? What do you want?

Passenger 2: I want a cup of coffee.

Flight attendant: I am sorry, but there is no more coffee now. Please wait for a minute, and I will bring it to you in a minute.

… I am sorry to have kept you waiting, and this is the coffee you want.

Text Two

Passenger 1: Miss, please give me another glass of apple juice.

Flight attendant: I am sorry, but we have no more apple juice. Is orange juice or other beverage okay?

Passenger 1: A glass of orange juice, please.

Flight attendant: Do you want it on the rocks?

Passenger 1: Okay, thank you!

Passenger 2: Miss, please take this glass away.

Flight attendant: Okay.

Lesson 11 Here Is Your Lunch. Please Enjoy It

Text One

Passenger: When will the lunch be served please?

Flight attendant: Please wait for a moment, and the lunch will be served in half an hour.

(Half an hour later, the flight attendant begins to serve lunch)

Flight attendant: Hello, sir. We have both the Western style and the Chinese style. Which do you prefer?

Passenger: What do you have for the Chinese style?

Flight attendant: Noodles and dumplings.

Passenger: What about the Western style?

Flight attendant: Chicken, beef and fish.

Passenger: I want beef.

Flight attendant: Okay, please enjoy it.

…

Flight attendant: What would you like for dessert? We have biscuits and cakes.

Passenger: Please give me two pieces of cake.

Text two

Passenger: Miss, please give me another serving of beef.

Flight attendant: Sorry, sir, but there is no more beef to hand out. Is chicken okay?

Passenger: Okay.

(The flight attendant speaks to the passenger sitting next to the aisle)

Flight attendant: Miss, please help me pass this to the passenger inside. Thank you.

(The meal is finished)

Flight attendant: Sir, may I take the plate away?

Passenger: Here you are, and please give me some more napkins.

Flight attendant: Okay.

Lesson 12 It Is My Mistake, and I Am Really Sorry

Text One

Passenger: Miss, please come over here.

Flight attendant: Hello, can I help you?

Passenger: What I ordered is beef, and how come it is chicken?

Flight attendant: Oh, I am sorry. It is my mistake, and I'll change it for you right now. I am really sorry.

Passenger: It is all right.

Text Two

Passenger: Miss, could you give me a glass of hot water?

Flight attendant: Okay, here you are.

(The flight attendant accidentally spills the hot water on the passenger)

Passenger: Ouch!

Flight attendant: Sorry, sir. I am really sorry.

Passenger: How could you be so careless?

Flight attendant: I am so sorry. Are you scalded? Do you need some medicine?

Passenger: I'm fine. Never mind. Be careful next time.

Flight attendant: I am really sorry. I'll get a towel right now and wipe it for you, and bring you another glass of hot water.

Lesson 13 You Are Probably Airsick

Text One

Flight attendant: Miss, did you just press the call button? Can I help you?

Passenger: I've got dizziness and nausea, and I feel awful.

Flight attendant: You are probably airsick, and I'll get some medicine for you right away.

Passenger: I really appreciate your help.

Flight attendant: If you feel like vomitting, there are airsickness bags behind the seat in front of you.

(After the passenger has taken the medicine)

Flight attendant: Miss, are you feeling better now?

Passenger: I still don't feel well.

Flight attendant: Let me help you to the front of the cabin, and there are some empty seats over there for you to lie down.

Passenger: Thank you.

Flight attendant: If you still don't feel well, we can make a loudspeaker announcement to call for a doctor for you.

Text Two

(Announcement)

Ladies and gentlemen,

Attention, please! There is a passenger who doesn't feel well on the plane. If any of you are a doctor or nurse, please contact the flight crew immediately. We really appreciate your help. Thank you!

Lesson 14 My Wallet Is Lost

Text One

Passenger: Miss, my wallet is lost.

Flight attendant: Don't be so worried. Do you still remember when and where you lost it?

Passenger: I don't remember, but it seemed to be still with me when I boarded the plane.

Flight attendant: Have you already looked for it around your seat?

Passenger: I have searched everywhere, but in vain.

Flight attendant: What is your wallet like?

Passenger: It is black, leather and oblong.

Flight attendant: What is in your wallet?

Passenger: There are about $500, my identification card, several credit cards and a photo of my family in it.

Flight attendant: Okay, I will make a loudspeaker announcement for you right away.

Text Two

(Lost property announcement)

Ladies and gentlemen,

Here is a piece of lost property announcement. If any passenger happens to find an oblong black leather wallet, please contact the flight crew by pressing the call button above your head. We express gratitude to you on behalf of the owner.

(Lost and found announcement)

Ladies and gentlemen,

Here is a piece of lost and found announcement. We find a pair of sunglasses. If it is yours, please contact the flight crew.

Lesson 15　We Will Show a Movie on Channel 5

Text One

(Announcement)

Ladies and gentlemen,

The personal entertainment system will be open in about 10 minutes. Thank you!

Flight attendant: Sir, here are your earphones.

Passenger: Thank you, and how do I use this?

Flight attendant: Insert the plug into the jack on the armrest. Then switch channels and you can listen to different programs.

Passenger: I see. What programs do you have?

Flight attendant: Movies, classical music, pop music, folk songs and Beijing opera, etc.

Passenger: I want to see some Chinese movies. Do you have any here?

Flight attendant: We will show one on Channel 5 in a minute. It will last about one hour and a half.

Passenger: Okay, thank you.

Text Two

Passenger 1: Miss, there is no sound from my earphones.

Flight attendant: I will get another pair for you right now. Please wait for a moment.

…

Here you are. Please try this pair.

Passenger 1: This pair works. Thank you.

Passenger 2: Miss, do you have newspapers?

Flight attendant: We have *New York Times*, *China Youth Daily* and *Global Times*. Which one do you prefer?

Passenger 2: Please give me a copy of *New York Times*. Thank you.

Flight attendant: Okay, here you are.

Text Three

(Announcement)

Ladies and gentlemen,

The plane is passing through an air stream, and it is a bit bumpy. Please fasten your safety belt. The lavatories are not allowed to use now, and the entertainment system will be closed temporarily.

Lesson 16 Please Refer to the Shopping Guide

Text One

(Announcement)

Ladies and gentlemen,

We will sell tax-free commodities on the plane soon, and please refer to the shopping guide. Thank you.

(A flight attendant is asking a passenger with tax-free commodities in her hands)

Flight attendant: We have makeup products, cigarettes and electrical appliances here. Is there anything you need?

Passenger: (Pointing to an item in the shopping guide) Miss, I want to have a look at this eye shadow.

Flight attendant: Okay, please wait for a moment … This is the eye shadow you want. Please take a look at it.

Passenger: Can I open it?

Flight attendant: I am sorry, but you can not open it until you have paid.

Passenger: Okay, I will take it. Can I pay by credit card?

Flight attendant: Both cash and credit card are okay. Have you set a password for your card?

Passenger: No.

Flight attendant: Okay, I will pack it for you. Please wait for a minute.

Text Two

Passenger: Excuse me, miss. I just bought this bottle of wine, but I don't want it now. Can I return it?

Flight attendant: Have you opened it?

Passenger: No.

Flight attendant: Yes, you can return it. Did you pay by cash just now?

Passenger: No, I paid for it by credit card.

Flight attendant: Then please fill in the product return form.

(The passenger completed the product return form and hands it over to the flight attendant)

Flight attendant: Please wait for a minute… Please keep this receipt well, and the money will be transferred into your account after one month.

Passenger: Thank you.

Lesson 17 Wish You a Good Trip in New York

Text

(Announcement)

Ladies and gentlemen,

We will arrive at John F. Kennedy International Airport in one hour. Now it is 19: 00 there. A short video will be played now to give you a brief introduction to New York City.

(The video is being played)

New York is the biggest city and port in the United States, and also the biggest city in the world. It is located in the southeast of New York State. The position of the city center is 40°43′ north latitude and 74°00′ west longitude. New York City is the most important commercial and financial center in the world.

Furthermore, it is known as the "capital of the world" as the United Nations Headquarters is located here. It is also the seat of many world-class museums, galleries and performance and playing venues. It is one of the cultural and entertainment centers of the Western Hemisphere.

New York is filled with opportunities. Therefore, it is usually referred to as "the Big Apple", meaning that it is both good-looking and delicious and everyone wants to have a bite.

The famous scenic spots in New York include the Broadway, the Times Square, the Empire State Building, the United Nations Building, the Wall Street, the Statue of Liberty and so on.

Wish you a good trip in New York!

Lesson 18 Our Plane Is Descending Now

Text One

(Information announcement before landing)

Ladies and gentlemen,

The plane is expected to arrive at John F. Kennedy International Airport at 15: 00 local time. The weather is fine now, and the ground temperature is 17℃ , 62.6℉. The seat belt sign has lit up, and the lavatories will be closed in about five minutes. The entertainment system on the plane will be closed soon, and the flight attendants will take back the earphones. Thank you!

(Security check announcement before landing)

Ladies and gentlemen,

Our plane is descending now, and lavatories are not to be used. Please fasten your seat belt, lock your tray table, return your seat back to the upright position and open the window shade for your safety. Please turn off small electronic products such as laptops and MP3 players. Thank you!

Text Two

Passenger: Miss, what is this, please?

Flight attendant: This is an entry card. Please fill in it before getting off the plane. If you have any questions, please feel free to contact us at anytime.

Passenger: Okay, thank you. And I want to know if fruit can be brought in.

Flight attendant: I am sorry, sir, but according to the regulations of the United States customs, you can not bring in fresh fruit. You have to dispose of them or hand them over to us before landing.

Passenger: Okay. (Pointing at the baggage declaration form for inward passengers) Should this be filled in too?

Flight attendant: If you have any dutiable things with you, you have to fill in this, or you will be fined heavily.

Lesson 19 Thank You for Taking This Flight

Text One

(Landing announcement)

Ladies and gentlemen,

It has been a long journey, and you must be tired now. Welcome to New York City, and the John F. Kennedy International Airport is about 70 kilometers away from downtown.

The plane is taxiing. Please fasten the seat belt and be well seated on your seat for your safety. Please do not turn on your cell phones before the cabin door is open, and claim your luggage after the plane has landed safely. When you get off the plane, please get your entry card and passport ready for border inspection.

…

Our plane is now docked at Terminal 7. Thank you for taking this flight, and welcome to choose it for your next trip.

Text Two

Flight attendant 1: Please make sure you have all your belongings with you. Thank you for taking this flight. Good-bye!

Flight attendant 2: Wish you a good time in New York!

Flight attendant 3: Thank you for supporting our work. Good-bye!

Flight attendant 4: Thank you! Good-bye!

Lesson 20 Where Shall I Claim the Baggage

Text One

Passenger: Excuse me, sir. Where shall I claim the baggage?

Staff member: You can refer to the information screen over there. The corresponding baggage claim area is right behind your flight number.

Passenger: Okay, thank you!

…

(A passenger got only one piece of her baggage in the baggage claim area)

Passenger: Sir, I consigned two pieces of baggage altogether, but I've only got one now.

Staff member: Don't worry. Please tell me your flight number.

Passenger: Flight C0089 from New York.

Staff member: May I have a look at your boarding pass and baggage check?

Passenger: Here you are.

Staff member: What is your baggage like?

Passenger: A black suitcase.

Staff member: I will check the records of unclaimed baggage for you.
... Got it! Miss, please follow me and pick up your baggage in the sixth baggage claim area.

Passenger: Thank you so much!

Staff member: You are welcome!

Text Two

Passenger: Hello, I want to go to Dongzhimen. Is there any airport shuttle that goes there?

Staff member: Yes. Take that exit, and the airport shuttle is right at the gate. You can also take the airport express, and it takes only ten minutes or so.

Passenger: I've got a lot of baggage. How much would it cost to take a taxi?

Staff member: It costs about 60 or 70 *yuan* if there are no traffic jams.

Passenger: Okay, thank you!

词语总表 Vocabulary

（标有 * 号的是补充词语）

A

词语	拼音	词性	课号
哎呀	āiyā	叹	12
安检门	ānjiǎnmén	名	5
安全带	ānquándài	名	9
按 *	àn	介	5
暗 *	àn	形	7

B

词语	拼音	词性	课号
吧	ba	语气	2
白 *	bái	形	14
白酒 *	báijiǔ	名	10
摆渡车 *	bǎidùchē	名	19
办理	bànlǐ	动	3
半价 *	bànjià	名	1
帮助	bāngzhù	动	13
包装	bāozhuāng	动	16
保存	bǎocún	动	7
保健操 *	bǎojiàncāo	名	20
抱歉	bàoqiàn	形	1
暴雨	bàoyǔ	名	8
北纬	běiwěi	名	17
被	bèi	介	18
被称为……	bèi chēngwéi……		17
被誉为……	bèiyùwéi……		17
表 *	biǎo	名	6
别的	biéde	代	2
冰块儿	bīngkuàir	名	10
冰淇淋 *	bīngqílín	名	11
饼干	bǐnggān	名	11
播放 *	bōfàng	动	7
播放	bōfàng	动	17
博物馆	bówùguǎn	名	17
不适	búshì	形	13
补班 *	bǔ//bān	动	8
不	bù	副	2
不好意思	bù hǎo yìsi		7

C

词语	拼音	词性	课号
擦	cā	动	12
才	cái	副	8
参阅	cānyuè	动	16
餐巾纸	cānjīnzhǐ	名	11
餐厅 *	cāntīng	名	4
舱	cāng	名	6
舱门	cāngmén	名	8
侧	cè	名	6
叉子 *	chāzi	名	11

插	chā	动	15
插孔	chākǒng	名	15
插头	chātóu	名	15
长方形	chángfāngxíng	名	14
长途旅行	chángtú lǚxíng		19
超重	chāozhòng	动	3
成	chéng	动	4
乘客班车 *	chéngkè bānchē		19
乘务员	chéngwùyuán	名	9
充满	chōngmǎn	动	17
出示	chūshì	动	1
出租车 *	chūzūchē	名	20
处理	chǔlǐ	动	18
穿越	chuānyuè	动	15
传送带	chuánsòngdài	名	3
窗	chuāng	名	3
此外	cǐwài	连	17
从……到……	cóng……dào……		1

D

打车	dǎ//chē	动	20
打折 *	dǎ//zhé	动	1
大概	dàgài	副	4
大面额 *	dà miàn'é		4
代表	dàibiǎo	动	14
带	dài	动	3
单程票 *	dānchéngpiào	名	1
蛋糕	dàngāo	名	11
当地时间	dāngdì shíjiān		9
刀 *	dāo	名	11
刀具 *	dāojù	名	5
倒数	dàoshǔ	动	6
到处	dàochù	副	14
到达大厅 *	dàodá dàtīng		19
道歉	dào//qiàn	动	8
的话	dehuà	助	20
登机	dēng jī		3
登机口	dēngjīkǒu	名	6
登机廊桥 *	dēngjī lángqiáo		19
登机门 *	dēngjīmén	名	9
登机牌	dēngjīpái	名	3
等待	děngdài	动	8
地面温度	dìmiàn wēndù		18
递	dì	动	11
第	dì	前缀	6
颠簸	diānbǒ	动	7
点心	diǎnxin	名	11
电器	diànqì	名	16
电影 *	diànyǐng	名	7
电影	diànyǐng	名	15
电子产品 *	diànzǐ chǎnpǐn		5
电子设备	diànzǐ shèbèi		9
掉	diào	动	7
订	dìng	动	1

丢 *	diū	动	12
丢	diū	动	14
逗留	dòuliú	动	8
堵车	dǔ//chē	动	20
度过	dùguò	动	19
短片	duǎnpiàn	名	17
段	duàn	量	8
对不起	duìbuqǐ	动	2
对号入座	duì hào rù zuò		6
对应	duìyìng	动	20
兑换处	duìhuànchù	名	4

E

恶心	ěxin	形	13
耳朵 *	ěrduo	名	13
耳机 *	ěrjī	名	6
耳机	ěrjī	名	15

F

发	fā	动	11
发烧 *	fā//shāo	动	13
发作 *	fāzuò	动	13
放 *	fàng	动	6
放心	fàng//xīn	动	7
放映	fàngyìng	动	15
飞往	fēiwǎng	动	1
飞行 *	fēixíng	动	16
飞行高度	fēixíng gāodù		9
飞行距离	fēixíng jùlí		9
飞行速度	fēixíng sùdù		9
非吸烟区 *	fēixīyānqū	名	9
费	fèi	名	3
风 *	fēng	名	18
否则	fǒuzé	连	18
扶	fú	动	13
扶手 *	fúshǒu	名	9
扶手	fúshǒu	名	15
付	fù	动	2
付款	fù kuǎn		16

G

咖喱 *	gālí	名	11
该	gāi	代	17
改签	gǎiqiān	动	2
赶时间 *	gǎn shíjiān		20
感觉	gǎnjué	动	13
感冒 *	gǎnmào	动	13
港	gǎng	名	17
个人娱乐系统 *	gèrén yúlè xìtǒng		11
各	gè	代	8
给	gěi	动	1
根据	gēnjù	介	5
公里	gōnglǐ	名	19
公务舱 *	gōngwùcāng	名	1
供应	gōngyìng	动	11

购物指南	gòuwù zhǐnán		16
古典	gǔdiǎn	形	15
拐	guǎi	动	4
关闭	guānbì	动	8
光临	guānglín	动	19
规定	guīdìng	名	5
贵宾室 *	guìbīnshì	名	4
果酱 *	guǒjiàng	名	11
过道 *	guòdào	名	3
过道	guòdào	名	7
过来	guòlai	动	12

H

还是	háishi	连	10
海关	hǎiguān	名	18
航班	hángbān	名	1
航班号	hángbānhào	名	2
航程	hángchéng	名	9
航空公司	hángkōng gōngsī		1
航路拥挤 *	hánglù yōngjǐ		8
航站楼	hángzhànlóu	名	19
好像	hǎoxiàng	动	14
好转	hǎozhuǎn	动	8
红 *	hóng	形	14
红酒 *	hóngjiǔ	名	10
后舱 *	hòucāng	名	6
呼叫铃 *	hūjiàolíng	名	9
呼叫铃	hūjiàolíng	名	13
护士	hùshi	名	13
护照	hùzhào	名	1
华氏度	huáshìdù	名	18
滑行 *	huáxíng	动	8
滑行	huáxíng	动	19
化妆品	huàzhuāngpǐn	名	16
画廊	huàláng	名	17
还 *	huán	动	11
黄 *	huáng	形	14
黄线 *	huángxiàn	名	5
黄油 *	huángyóu	名	11
灰 *	huī	形	14
汇率	huìlǜ	名	4
会	huì	能愿	7
火腿 *	huǒtuǐ	名	11
或者	huòzhě	连	10

J

机场大巴	jīchǎng dàbā		20
机场快轨	jīchǎng kuàiguǐ		20
机会	jīhuì	名	17
机票	jīpiào	名	1
机械故障 *	jīxiè gùzhàng		8
机长	jīzhǎng	名	9
机组人员	jīzǔ rényuán		9
鸡肉	jīròu	名	11
急救站 *	jíjiùzhàn	名	4
系	jì	动	9

继续	jìxù	动	8
加	jiā	动	10
驾驶舱 *	jiàshǐcāng	名	9
架	jià	名	6
检查	jiǎnchá	动	5
检疫 *	jiǎnyì	动	18
简要	jiǎnyào	形	17
健康证书 *	jiànkāng zhèngshū		18
将	jiāng	副	11
降落 *	jiàngluò	动	8
交	jiāo	动	3
嚼 *	jiáo	动	13
饺子	jiǎozi	名	11
叫	jiào	动	18
节目	jiémù	名	15
借 *	jiè	动	11
金融	jīnróng	名	17
金属	jīnshǔ	名	5
紧急出口	jǐnjí chūkǒu		7
紧急滑梯 *	jǐnjí huátī		9
进一步	jìnyíbù	副	8
禁烟	jìn yān		9
京剧	jīngjù	名	15
经济舱	jīngjìcāng	名	1
警察 *	jǐngchá	名	11
久等	jiǔ děng		10
救生衣 *	jiùshēngyī	名	9
菊花茶 *	júhuāchá	名	10
具体	jùtǐ	形	8
距	jù	动	19

K

开启 *	kāiqǐ	动	11
开启	kāiqǐ	动	15
开始	kāishǐ	动	6
靠	kào	动	3
靠背	kàobèi	名	9
可乐 *	kělè	名	10
可以	kěyǐ	能愿	2
客舱	kècāng	名	9
空姐 *	kōngjiě	名	6
空中管制 *	kōngzhōng guǎnzhì		8
空	kòng	形	13
口袋	kǒudai	名	5
口香糖 *	kǒuxiāngtáng	名	13
筷子 *	kuàizi	名	11
矿泉水	kuàngquánshuǐ	名	10

L

拉肚子 *	lā dùzi		13
辣椒 *	làjiāo	名	11
蓝 *	lán	形	14
离	lí	动	4
离港大厅 *	lígǎng dàtīng		4
立即	lìjí	副	8

联系	liánxì	动	13
联系方式	liánxì fāngshì		1
凉 *	liáng	形	10
凉茶 *	liángchá	名	10
亮	liàng	形	18
谅解	liàngjiě	动	8
零下 *	língxià	名	18
领	lǐng	动	20
流鼻涕 *	liú bítì		13
留下	liúxià	动	1
流行	liúxíng	动	15
旅途	lǚtú	名	5
旅行袋 *	lǚxíngdài	名	3
旅行箱 *	lǚxíngxiāng	名	3
绿 *	lǜ	形	14
落地	luò//dì	动	18

M

卖	mài	动	2
满	mǎn	形	1
毛巾	máojīn	名	12
毛毯 *	máotǎn	名	7
没事儿	méi shìr		12
美好时光	měihǎo shíguāng		19
美元	měiyuán	名	1
密码	mìmǎ	名	16
免票 *	miǎnpiào	动	1
免税店 *	miǎnshuìdiàn	名	13
面包 *	miànbāo	名	11
面额	miàn'é	名	4
面条	miàntiáo	名	11
灭火器 *	mièhuǒqì	名	9
民歌	míngē	名	15
名字	míngzi	名	2

N

拿 *	ná	动	6
哪	nǎ	代	1
那	nà	连	2
耐心	nàixīn	形	8
难受	nánshòu	形	13
能	néng	能愿	2
能见度 *	néngjiàndù	名	8
您好	nín hǎo		1
牛肉	niúròu	名	11
弄错	nòng cuò		12

P

排	pái	量	6
排队 *	pái//duì	动	5
牌子 *	páizi	名	14
旁边	pángbiān	名	4
跑道	pǎodào	名	8
碰 *	pèng	动	12
皮	pí	名	14

啤酒 *	píjiǔ	名	10
票价 *	piàojià	名	20
频道	píndào	名	15
平稳 *	píngwěn	形	16
凭证	píngzhèng	名	16
屏幕 *	píngmù	名	15
葡萄酒 *	pútaojiǔ	名	10

Q

期待	qīdài	动	19
启事	qǐshì	名	14
起飞	qǐfēi	动	8
气流	qìliú	名	15
前舱 *	qiáncāng	名	6
前方	qiánfāng	名	8
前往	qiánwǎng	动	9
清楚	qīngchu	形	8
清洁袋	qīngjiédài	名	13
晴朗	qínglǎng	形	18
区域流量 *	qūyù liúliàng		8
取消	qǔxiāo	动	1
全家福	quánjiāfú	名	14
全价 *	quánjià	名	1
确保	quèbǎo	动	9
确认 *	quèrèn	动	12

R

然后	ránhòu	连	5
任何	rènhé	代	18
扔	rēng	动	5
如果	rúguǒ	连	1
入境卡	rùjìngkǎ	名	18
入境旅客物品申报单	rùjìng lǚkè wùpǐn shēnbàodān		18

S

沙拉 *	shālā	名	11
伤	shāng	动	7
商品 *	shāngpǐn	名	15
商业	shāngyè	名	17
上药	shàng//yào	动	12
稍等	shāo děng		1
勺子 *	sháozi	名	11
设于	shè yú		17
摄氏度	shèshìdù	名	18
身份证	shēnfènzhèng	名	14
深表	shēn biǎo		13
失物招领	shīwù zhāolǐng		14
失主	shīzhǔ	名	14
时差 *	shíchā	名	18
时间	shíjiān	名	2
实在	shízài	副	12
拾	shí	动	14

市区	shìqū	名	19
试 *	shì	动	6
收	shōu	动	3
收回	shōuhuí	动	18
收走	shōu zǒu		10
手臂	shǒubì	名	5
手提包 *	shǒutíbāo	名	3
手提箱	shǒutíxiāng	名	20
手续	shǒuxù	名	3
手续费	shǒuxùfèi	名	2
舒服	shūfu	形	13
数	shǔ	动	4
刷	shuā	动	16
顺序 *	shùnxù	名	5
送 *	sòng	动	9
素食 *	sùshí	名	11
酸梅汤 *	suānméitāng	名	10
算了	suàn le		12
随身 *	suíshēn	形	5
随身行李 *	suíshēn xíngli		3
随时	suíshí	副	18
所有	suǒyǒu	形	1
所在地	suǒzàidì	名	17

T

台子	táizi	名	5
抬起	táiqǐ		5
太阳镜	tàiyángjìng	名	14
糖 *	táng	名	11
躺	tǎng	动	13
烫	tàng	动	10
特价票	tèjiàpiào	名	2
疼 *	téng	动	13
提供 *	tígōng	动	7
提供	tígōng	动	10
提供免费食宿 *	tígōng miǎnfèi shísù		8
提取	tíqǔ	动	19
体温 *	tǐwēn	名	13
天气	tiānqì	名	8
天气恶劣 *	tiānqì èliè		8
甜点 *	tiándiǎn	名	11
填 *	tián	动	6
填	tián	动	16
调节	tiáojié	动	15
调直	tiáo zhí		9
停	tíng	动	8
停车场 *	tíngchēchǎng	名	20
停靠	tíngkào	动	19
停稳	tíng wěn		19
停止 *	tíngzhǐ	动	15
停止使用 *	tíngzhǐ shǐyòng		9
通道	tōngdào	名	6
通讯系统	tōngxùn xìtǒng		9
通知	tōngzhī	名 / 动	8

头等舱 *	tóuděngcāng	名	1
头晕	tóu yūn		13
吐	tù	动	13
退	tuì	动	2
退货单	tuìhuòdān	名	16
退票	tuì piào		2
托盘	tuōpán	名	5
托运	tuōyùn	动	3
脱掉	tuō diào		5

W

外币	wàibì	名	4
外币登记表 *	wàibì dēngjìbiǎo		18
完	wán	动	2
往	wǎng	介	4
往返票 *	wǎngfǎnpiào	名	1
忘	wàng	动	5
为	wèi	介	7
为了	wèile	介	9
违禁品 *	wéijìnpǐn	名	5
卫生间	wèishēngjiān	名	4
位于	wèi yú		17
胃痛 *	wèi tòng		13
无人领取行李记录	wú rén lǐngqǔ xíngli jìlù		20
物品	wùpǐn	名	5
雾 *	wù	名	18

X

西半球	xībànqiú	名	17
西经	xījīng	名	17
西式	xīshì	形	11
洗手间 *	xǐshǒujiān	名	9
系统	xìtǒng	名	15
下次	xià cì		12
下降	xiàjiàng	动	9
先生	xiānsheng	名	2
现金	xiànjīn	名	16
现在	xiànzài	名	6
香槟酒 *	xiāngbīnjiǔ	名	10
香肠 *	xiāngcháng	名	11
香水 *	xiāngshuǐ(r)	名	13
香烟	xiāngyān	名	16
向	xiàng	介	8
向……表示……	xiàng……biǎoshì……		14
消息	xiāoxi	名	8
销售	xiāoshòu	动	16
小心	xiǎoxīn	形	12
小桌板 *	xiǎo zhuōbǎn		7
小桌板	xiǎo zhuōbǎn		9
谢谢合作 *	xièxie hézuò		5
谢意	xièyì	名	13
心脏病 *	xīnzàngbìng	名	13
辛苦	xīnkǔ	形	19

新鲜	xīnxiān	形	18
信号灯	xìnhàodēng	名	18
信息 *	xìnxī	名	12
信息显示屏	xìnxī xiǎnshìpíng		20
信用卡	xìnyòngkǎ	名	14
行	xíng	动	2
行李	xíngli	名	3
行李标签 *	xíngli biāoqiān		20
行李架	xínglijià	名	6
行李领取处 *	xíngli lǐngqǔchù		14
行李票	xínglipiào	名	3
行李提取区	xíngli tíqǔqū		20
形状 *	xíngzhuàng	名	14
需要	xūyào	名、动	1
雪 *	xuě	名	18
寻物	xún wù		14

Y

延误	yánwù	动	8
盐 *	yán	名	11
颜色 *	yánsè	名	14
眼霜 *	yǎnshuāng	名	16
眼影	yǎnyǐng	名	16
演示	yǎnshì	动	9
氧气面罩 *	yǎngqì miànzhào		9
咬	yǎo	动	17
要是	yàoshi	连	20
椰子汁 *	yēzizhī	名	10
也	yě	副	2
液体	yètǐ	名	5
液体化妆品 *	yètǐ huàzhuāngpǐn		5
一下	yíxià	数量	1
一直	yìzhí	副	4
医生	yīshēng	名	13
遗失	yíshī	动	14
已经	yǐjīng	副	1
以便	yǐbiàn	连	19
以免	yǐmiǎn	连	7
因此	yīncǐ	连	17
音量 *	yīnliàng	名	15
音像制品 *	yīnxiàng zhìpǐn		5
音乐	yīnyuè	名	15
饮料 *	yǐnliào	名	7
饮料	yǐnliào	名	10
影响	yǐngxiǎng	动	7
由于	yóuyú	连	8
有	yǒu	动	1
有点儿	yǒudiǎnr	副	7
鱼肉	yúròu	名	11
娱乐	yúlè	名	15
愉快	yúkuài	形	5

雨 *	yǔ	名	18
玉米 *	yùmǐ	名	11
预计	yùjì	动	9
原因	yuányīn	名	8
远	yuǎn	形	4
钥匙	yàoshi	名	5
阅读灯 *	yuèdúdēng	名	13
晕倒 *	yūn dǎo		13
允许	yǔnxǔ	动	5
晕机	yùn//jī	动	13

Z

杂志 *	zázhì	名	10
砸	zá	动	7
再次	zàicì	副	19
暂时	zànshí	名	15
怎么办	zěnme bàn		7
站	zhàn	动	5
账户	zhànghù	名	16
照相机（相机）*	zhàoxiàngjī (xiàngjī)	名	16
遮光板	zhēguāngbǎn	名	9
枕头 *	zhěntou	名	9
正在	zhèngzài	副	8
之前	zhīqián	名	16
支持	zhīchí	动	19
芝士 *	zhīshì	名	11
直达	zhídá	动	1
直梯 *	zhítī	名	4
滞留 *	zhìliú	动	20
中部 *	zhōngbù	名	6
中式	zhōngshì	形	11
中转柜台 *	zhōngzhuǎn guìtái		19
众多	zhòngduō	形	17
重罚	zhòng fá		18
周围	zhōuwéi	名	14
注意	zhùyì	动	6
祝	zhù	动	5
转身	zhuǎn shēn	动	5
准备 *	zhǔnbèi	动	6
准备	zhǔnbèi	动	10
着急	zháo//jí	动	14
自动扶梯 *	zìdòng fútī		4
棕 *	zōng	形	14
走动 *	zǒudòng	动	9
座位	zuòwèi	名	3
座椅	zuòyǐ	名	7

专有名词 Proper Nouns

B

巴黎 *	Bālí	17
巴黎圣母院 *	Bālí Shèngmǔ Yuàn	17
白金汉宫 *	Báijīnhàn Gōng	17
百老汇	Bǎilǎohuì	17
北京	Běijīng	1
北京首都国际机场	Běijīng Shǒudū Guójì Jīchǎng	9
必胜客 *	Bìshèngkè	4

C

长城 *	Chángchéng	17

D

帝国大厦	Dìguó Dàshà	17

G

故宫 *	Gù Gōng	17

H

海德公园 *	Hǎidé Gōngyuán	17
华尔街	Huá'ěr Jiē	17

K

凯旋门 *	Kǎixuán Mén	17
肯德基	Kěndéjī	4
肯尼迪国际机场	Kěnnídí Guójì Jīchǎng	17

L

联合国大楼	Liánhéguó Dàlóu	17
联合国总部	Liánhéguó Zǒngbù	17
伦敦 *	Lúndūn	17

M

麦当劳 *	Màidāngláo	4
美国大陆航空公司	Měiguó Dàlù Hángkōng Gōngsī	1

N

纽约	Niǔyuē	1
纽约时报广场	Niǔyuē Shíbào Guǎngchǎng	17
纽约州	Niǔyuē Zhōu	17

T

泰晤士河 *	Tàiwùshì Hé	17
天安门广场 *	Tiān'ān Mén Guǎngchǎng	17
天坛 *	Tiān Tán	17

X

香榭丽舍大街 *	Xiāngxièlìshè Dàjiē	17
星巴克 *	Xīngbākè	4
雪碧 *	Xuěbì	10

Y

颐和园 *	Yíhé Yuán	17

Z

自由女神像	Zìyóu Nǚshén Xiàng	17

部分练习参考答案

Answers to Some Exercises

第 1 课

四、选词填空

1. 订　从　到
2. 已经
3. 取消
4. 所有
5. 需要
6. 如果
7. 出示

六、组成句子

1. 我想订一张从北京到纽约的机票。/ 我想订一张从纽约到北京的机票。
2. 下个星期五飞往北京的所有航班已经预订满了。
3. 您可以留下您的联系方式。
4. 如果有人取消订票，我们会跟您联系。
5. 请出示您的护照。

第 2 课

四、连线，组成对话

1A—10B
2A—9B
3A—12B
4A—7B
5A—8B
6A—11B

六、根据实际情境，用括号里的词回答问题

1. 您好！您有什么需要？
2. 请问您要哪天的？
3. 您稍等，我查一下。
4. 很抱歉，下个星期五飞往北京的所有航班已经预订满了。您可以留下您的联系方式，如果有人取消订票，我们会跟您联系。
5. 要求看护照。请出示您的护照。

第 3 课

四、选词填空

1. 退　改签
2. 别的
3. 付　手续费
4. 那　吧

六、组成句子

1. 对不起，您订的是特价票，不能退。
2. 那能不能改签？
3. 我想改到 25 号，可以吗？
4. 25 号的机票已经卖完了，别的时间可以吗？
5. 您需要付 10% 的手续费。

第 4 课

四、选词填空

1. 收
2. 超重
3. 办理　手续
4. 靠窗
5. 带
6. 托运

六、根据实际情境，用括号里的词回答问题

1. 请出示您的机票和护照。
2. 我想要一个靠窗的座位，可以吗？
3. 请您把要托运的行李放到传送带上。
4. 对不起，您的行李超重了，需要交超重行李费。
5. 给您登机牌和行李票，请收好。

第 5 课

四、连线，组成对话

1A—8B
2A—6B
3A—7B
4A—10B
5A—9B

六、组成句子

1. 您从这儿一直往前走。
2. 兑换处离这儿有多远？ / 这儿离兑换处有多远？
3. 从这儿到那儿大概有五六十米。/ 从那儿到这儿大概有五六十米。
4. 我想把人民币换成美元。/ 我想把美元换成人民币。
5. 我需要看一下您的护照。

第 6 课

四、选词填空

1. 从　往
2. 数
3. 愉快
4. 打开
5. 请问　离
6. 换
7. 出示
8. 允许

第 7 课

四、连线，组成对话

1A—8B
2A—5B
3A—6B
4A—7B

六、组成句子

1. 请打开您的包，我检查一下。
2. 请把东西放在这儿，脱掉外衣。
3. 欢迎您乘坐本次航班。
4. ×× 航班现在开始登机。
5. 请带好您的行李物品，到 10 号登机口登机。

第 8 课

四、选词填空

乘客朋友们请注意，从北京

飞往纽约的C0089次航班现在开始登机。请带好您的行李物品，到10号登机口登机。

第9课

四、选词填空

1. 行李放好后，请大家在自己的座位上坐好，不要站在过道上，以免影响后面的乘客登机。
2. 这个袋子有点儿重，如果飞机颠簸，袋子掉下来会砸伤人的。
3. 各位乘客，由于前方天气原因，我们的飞机需要继续在地面逗留一段时间，请大家谅解。

六、组成句子

1. 飞机现在正在等待跑道。
2. 由于延误，我们向您道歉。
3. 请您在座位上坐好，耐心等待。
4. 天气不是很好吗？为什么不起飞？
5. 如果有消息，我们会立即通知您。

第10课

四、选词填空

现在乘务员进行安全检查。请您在座位上坐好，系好安全带，调直座椅靠背，收起小桌板，打开遮光板。为了确保飞行和通讯系统的正常工作，在飞机起飞和下降的过程中请不要使用手提电脑、MP3等电子设备。在整个航程中，请不要使用手机。

六、组成句子

1. 我们的飞机马上就要起飞了。
2. 为了您的安全，请系好安全带。
3. 在飞行途中，请不要吸烟。
4. 本次航班全程禁烟。
5. 我们全体机组人员将竭诚为您服务。

复习二

三、选择所给句子完成句子或对话

1. D 2. A 3. G 4. C
5. H 6. B 7. F 8. E

第11课

四、选词填空

1. 就要
2. 烫手
3. 还是
4. 安全带
5. 电子设备
6. 预计
7. 提供
8. 久等

六、组成句子

1. 鸡肉已经发完了。
2. 晚餐我们将在十分钟后供应。
3. 您需要加点儿冰块儿吗？
4. 请把这个杯子收走吧。
5. 本次航班的飞行距离是 6817 公里。

第 12 课

四、连线，组成对话

1A—8B
2A—6B
3A—9B
4A—7B
5A—10B

六、组成句子

1. 请再给我来份牛肉。
2. 你怎么这么不小心！
3. 请帮我递给里面的那位乘客。
4. 我可以把盘子收走吗？
5. 请再给我几张餐巾纸。

第 13 课

四、选词填空

1. 哪种
2. 怎么
3. 慢用
4. 供应
5. 份
6. 弄
7. 烫
8. 算了

六、组成句子

1. 我这就去给您换一份。
2. 您要的是咖啡吗？ / 咖啡是您要的吗？
3. 需要给您上点儿药吗？
4. 我马上去拿毛巾给您擦一下。

第 14 课

四、连线，组成对话

1A—9B
2A—10B
3A—6B
4A—7B
5A—8B

六、组成句子

1. 我扶您到前舱吧。
2. 我们可以广播找一位医生。
3. 现在飞机上有位乘客身体不适。
4. 请马上与乘务员联系。

第 15 课

四、选词填空

1. 呼叫铃
2. 难受
3. 清洁袋
4. 护士
5. 记
6. 谢意
7. 到处
8. 拾
9. 遗失

六、组成句子

1. 您已经在座位周围找过了吗？
2. 您的钱包是什么样子的？
3. 我们代表失主向您表示感谢！
4. 现在广播失物招领启事。
5. 我们拾到一副太阳镜。

复习三

四、选择所给的句子完成句子或对话

1. D　2. H　3. B　4. A　5. C
6. F　7. E　8. G　9. I

第 16 课

四、选词填空

1. 销售　4. 刷
2. 需要　5. 密码
3. 付款　6. 包装

六、组成句子

1. 这是您要的眼影。
2. 可以刷信用卡吗？
3. 您刚才付的是现金吗？
4. 那请您填一下这张退货单。
5. 请您拿好这张凭证。

第 17 课

四、选词填空

1. 抵达　4. 位于
2. 当地　5. 之行
3. 介绍　6. 放映

六、组成句子

1. 我给您换一副耳机。/ 您给我换一副耳机。
2. 机上的娱乐系统暂时关闭。
3. 请您参阅购物指南。
4. 现在为您播放一个短片。
5. 纽约有很多著名的景点。

第 18 课

四、选词填空

1. 预计　4. 随时
2. 大约　5. 景点
3. 温度　6. 打

六、组成句子

1. 我们马上要进行免税商品销售。
2. 付款之前不能打开。
3. 我去给您包装一下。/ 您去给我包装一下。
4. 祝您纽约之行愉快！
5. 我们的飞机正在下降。
6. 根据美国海关的规定，这个不能带上飞机。

第 19 课

四、选词填空

1. 滑行　　4. 乘坐
2. 开启　　5. 填
3. 停靠　　6. 收回

六、组成句子

1. 肯尼迪国际机场距市区约 70 公里。
2. 欢迎来到纽约。
3. 感谢您对我们工作的支持。
4. 在舱门开启前请不要打开手机。
5. 我们期待着您的再次光临。

第 20 课

四、选词填空

1. 提取　　2. 对应
3. 行李票　　6. 随身
4. 出口　　7. 晴朗
5. 护照　　8. 收起 调直 关闭

六、组成句子

1. 如果有任何问题，请随时叫我们。
2. 洗手间停止使用。/ 停止使用洗手间。
3. 水果可以带入境吗？ / 可以带水果入境吗？
4. 请在飞机停稳后提取行李物品。
5. 请您跟我到 6 号行李提取区去取行李。

复习四

三、选择所给句子完成对话

1. B　2. E　3. D　4. A　5. C

Fēnlèi Cíhuì Piān

分类词汇篇

Classified Vocabularies

一、机场主要设备词汇

Vocabulary on Major Airport Facilities

1.	飞机场	fēijīchǎng	aerodrome, airport
2.	备用机场	bèiyòng jīchǎng	alternate airfield
3.	管制塔台	guǎnzhì tǎtái	control tower
4.	机库	jīkù	hangar
5.	油库	yóukù	fuel farm
6.	急救站	jíjiùzhàn	first aid station
7.	航向信标台 / 定位信标	hángxiàng xìnbiāotái/ dìngwèi xìnbiāo	localizer
8.	气象站	qìxiàngzhàn	weather office
9.	跑道	pǎodào	runway
10.	滑行道	huáxíngdào	taxiway
11.	停车位置	tíngchē wèizhi	parking bay
12.	维修区	wéixiūqū	maintenance area
13.	机场大厦 / 候机楼	jīchǎng dàshà / hòujīlóu	terminal building
14.	国际航班出港大厦	guójì hángbān chūgǎng dàshà	international departure building
15.	送客台	sòngkètái	seeing-off deck
16.	国内线出港候机厅	guónèixiàn chūgǎng hòujītīng	domestic departure lobby
17.	咖啡室	kāfēishì	coffee shop
18.	特别休息室	tèbié xiūxishì	special waiting room
19.	检疫	jiǎnyì	quarantine

20.	海关	hǎiguān	customs
21.	出境检查	chūjìng jiǎnchá	emigration control
22.	快餐部	kuàicānbù	snack bar
23.	自动出入门	zìdòng chūrùmén	automatic door
24.	到达大厅	dàodá dàtīng	arrival lounge
25.	离港大厅	lígǎng dàtīng	departure lounge
26.	过站大厅	guòzhàn dàtīng	transit lounge
27.	电话间 / 电报间 / 传真间	diànhuàjiān / diànbàojiān / chuánzhēnjiān	telephone/telegram/fax room
28.	补票处	bǔpiàochù	stand-by ticket counter
29.	航班显示板	hángbān xiǎnshìbǎn	flight information board
30.	办理登机手续柜台	bànlǐ dēngjī shǒuxù guìtái	check-in counter
31.	中转柜台	zhōngzhuǎn guìtái	transfer correspondence
32.	旋转行李传送带	xuánzhuǎn xíngli chuánsòngdài	carousel
33.	广播室	guǎngbōshì	public address
34.	签派室	qiānpàishì	dispatch office
35.	机场公安局（警察局）	jīchǎng gōng'ānjú (jǐngchájú)	police office
36.	体温检测仪	tǐwēn jiǎncèyí	body temperature scanner
37.	医疗中心	yīliáo zhōngxīn	medical center
38.	自动扶梯	zìdòng fútī	escalator
39.	（升降式）电梯	(shēngjiàngshì) diàntī	elevator, lift
40.	自动步道	zìdòng bùdào	moving/automatic walkway

41.	登机廊桥	dēngjī lángqiáo	air bridge
42.	机场消防队	jīchǎng xiāofángduì	airport fire service
43.	配餐供应部门	pèicān gōngyìng bùmén	catering department
44.	免税商店	miǎnshuì shāngdiàn	duty-free shop
45.	机场宾馆	jīchǎng bīnguǎn	airport hotel
46.	贵宾室	guìbīnshì	VIP room
47.	主厅	zhǔtīng	main lobby
48.	货运大厦 / 货运中心	huòyùn dàshà / huòyùn zhōngxīn	freight building/cargo center
49.	保安中心	bǎo'ān zhōngxīn	security center
50.	进口商品店	jìnkǒu shāngpǐn diàn	imports shop
51.	入口	rùkǒu	entrance
52.	旅客通道	lǚkè tōngdào	passenger route
53.	第 × 号登机桥	dì × hào dēngjīqiáo	boarding gate No. ...
54.	卫生间	wèishēngjiān	lavatory
55.	国际航班到达大厦	guójì hángbān dàodá dàshà	international arrival building
56.	出租汽车站	chūzū qìchēzhàn	taxi stand
57.	国内线联运柜台	guónèixiàn liányùn guìtái	domestic connection counter
58.	出口	chūkǒu	exit
59.	旅馆及机场交通服务处	lǚguǎn jí jīchǎng jiāotōng fúwùchù	hotel and limousine service
60.	机场交通车站	jīchǎng jiāotōng chēzhàn	limousine stand
61.	休息室	xiūxishì	waiting room

62.	兑换及付税	duìhuàn jí fùshuì	money exchange and tax payment
63.	海关人员	hǎiguān rényuán	customs personnel
64.	海关检查柜台	hǎiguān jiǎnchá guìtái	customs inspection counter
65.	行李认领区	xíngli rènlǐngqū	baggage claim area
66.	入境检查	rùjìng jiǎnchá	immigration control
67.	植物检疫	zhíwù jiǎnyì	plant quarantine
68.	动物检疫	dòngwù jiǎnyì	animal quarantine
69.	联运柜台	liányùn guìtái	connection counter
70.	入境旅客休息室	rùjìng lǚkè xiūxishì	arrival lobby
71.	安检柜台	ānjiǎn guìtái	security counter
72.	安全检查站	ānquán jiǎncházhàn	security checkpoint
73.	机场税购买柜台	jīchǎngshuì gòumǎi guìtái	airport tax sales
74.	护照检查柜台	hùzhào jiǎnchá guìtái	passport control

二、机上主要设备词汇

Vocabulary on Major Plane Installation

1.	航空发动机	hángkōng fādòngjī	aeroengine, aircraft engine
2.	机身	jīshēn	fuselage, body
3.	机头	jītóu	nose
4.	机翼	jīyì	wing

5.	副翼	fùyì	aileron
6.	襟翼	jīnyì	wing flap
7.	水平尾翼	shuǐpíng wěiyì	tailplane
8.	右翼	yòuyì	starboard wing, right wing
9.	左翼	zuǒyì	port wing, left wing
10.	舱口	cāngkǒu	hatch
11.	驾驶舱	jiàshǐcāng	pilot's cockpit
12.	自动驾驶仪	zìdòng jiàshǐyí	autopilot
13.	客舱	kècāng	passenger cabin
14.	行李舱	xínglicāng	luggage compartment
15.	密封舱	mìfēngcāng	sealed cabin
16.	起落架	qǐluòjià	overhead compartment
17.	起落架轮	qǐluòjiàlún	undercarriage wheel
18.	升降舵	shēngjiàngduò	elevator
19.	航行灯	hángxíngdēng	navigation light
20.	无线电导航设备	wúxiàndiàn dǎoháng shèbèi	radio navigational device
21.	无线电定向设备	wúxiàndiàn dìngxiàng shèbèi	radio directive device
22.	油箱	yóuxiāng	fuel tank
23.	副油箱	fùyóuxiāng	auxiliary fuel tank
24.	主油箱	zhǔyóuxiāng	main fuel tank
25.	登机门	dēngjīmén	boarding gate
26.	下机门	xiàjīmén	arrival gate

27.	出口	chūkǒu	exit (door)
28.	紧急出口	jǐnjí chūkǒu	emergency exit/door
29.	乘务员座位	chéngwùyuán zuòwèi	attendant seat
30.	过道	guòdào	aisle
31.	洗手间 / 盥洗室	xǐshǒujiān / guànxǐshì	lavatory/toilet
32.	厨房	chúfáng	galley
33.	储藏室	chǔcángshì	storage room
34.	吸烟区	xīyānqū	smoking section
35.	非吸烟区	fēixīyānqū	non-smoking section
36.	手提氧气瓶	shǒutí yǎngqìpíng	portable oxygen bottle
37.	救生衣	jiùshēngyī	life vest/jacket
38.	紧急滑梯	jǐnjí huátī	escape slide
39.	紧急用绳	jǐnjí yòngshéng	escape rope
40.	降落伞	jiàngluòsǎn	parachute
41.	氧气面罩	yǎngqì miànzhào	oxygen mask
42.	扶手	fúshǒu	armrest, handrail
43.	靠窗座位	kào chuāng zuòwèi	window seat
44.	座位号	zuòwèihào	seat number
45.	座椅套	zuòyǐtào	seat cover
46.	座椅背后口袋	zuòyǐ bèihòu kǒudai	seat pocket
47.	座椅前后间隔	zuòyǐ qiánhòu jiàngé	seat pitch
48.	坐垫 / 靠垫	zuòdiàn / kàodiàn	cushion
49.	地板	dìbǎn	floor
50.	行李架	xínglijià	overhead compartment

51.	窗	chuāng	window
52.	帘子	liánzi	curtain
53.	天花板	tiānhuābǎn	ceiling
54.	烟灰缸	yānhuīgāng	ashtray
55.	插座式小桌板	chāzuòshì xiǎo zhuōbǎn	plug-in meal tray
56.	折叠式小桌板	zhédiéshì xiǎo zhuōbǎn	fold-away meal table
57.	地毯	dìtǎn	carpet
58.	遮阳板	zhēyángbǎn	sunshading board
59.	隔板	gébǎn	bulkhead
60.	呼叫系统	hūjiào xìtǒng	call system
61.	呼叫铃	hūjiàolíng	call button
62.	阅读灯	yuèdúdēng	reading light
63.	耳机插孔	ěrjī chākǒng	headset socket
64.	音量控制	yīnliàng kòngzhì	volume control
65.	屏幕	píngmù	screen
66.	眼罩	yǎnzhào	eyeshade
67.	手电筒	shǒudiàntǒng	flashlight
68.	护目镜	hùmùjìng	goggles
69.	毛毯	máotǎn	blanket
70.	衣架	yījià	coat hanger
71.	毛巾	máojīn	towel
72.	枕头	zhěntou	pillow
73.	耳机	ěrjī	headset, earphone
74.	安全带	ānquándài	seat belt

75.	耳塞	ěrsāi	earplug
76.	纪念品	jìniànpǐn	souvenir
77.	扩音器	kuòyīnqì	megaphone
78.	冲厕手柄	chōngcè shǒubǐng	toilet flush handle
79.	水量	shuǐliàng	water quantity
80.	马桶 / 便盆	mǎtǒng / biànpén	nightstool
81.	水龙头	shuǐlóngtóu	(water) tap
82.	废物箱	fèiwùxiāng	waste container
83.	旅客服务面板	lǚkè fúwù miànbǎn	passenger service unit
84.	舱内电话	cāngnèi diànhuà	interphone
85.	通风器	tōngfēngqì	airflow knob
86.	扬声器	yángshēngqì	loudspeaker
87.	频道选择	píndào xuǎnzé	channel selector
88.	放像机	fàngxiàngjī	video player
89.	烧水杯	shāoshuǐbēi	hot cup
90.	餐饮手推车	cānyǐn shǒutuīchē	food and beverage cart
91.	饮料箱	yǐnliàoxiāng	beverage container
92.	手推餐车	shǒutuī cānchē	trolley
93.	烧水器	shāoshuǐqì	water boiler
94.	灭火器	mièhuǒqì	fire extinguisher
95.	垃圾袋	lājīdài	garbage/litter bag
96.	医药袋	yīyàodài	medicine bag
97.	呕吐袋	ǒutùdài	airsickness bag
98.	急救箱	jíjiùxiāng	first aid kit

99. 乘客意见簿 chéngkè yìjiànbù passenger comments, passenger's book

100. 救生筏 jiùshēngfá life raft

三、飞行词汇 F 03

Vocabulary on Flight

1. 起飞 qǐfēi to take off
2. 上飞机 shàng fēijī to board a plane, to get into a plane
3. 下飞机 xià fēijī to get off a plane, to alight from a plane
4. 飞行 fēixíng to fly; flight
5. 不平稳飞行 bù píngwěn fēixíng bumpy flight
6. 平稳飞行 píngwěn fēixíng smooth flight
7. 航线 hángxiàn air route, airline
8. 爬升 páshēng to climb, to gain altitude
9. 盘旋 pánxuán to circle, to hover
10. 迫降 pòjiàng to be forced to land
11. 速度 sùdù speed, velocity
12. 高度 gāodù altitude, height
13. 上升限度 shàngshēng xiàndù ceiling
14. 巡航速度 xúnháng sùdù cruising speed
15. 最高速度 zuì gāo sùdù top speed
16. 连续飞行 liánxù fēixíng non-stop flight

17.	夜航	yèháng	night flight/navigation
18.	直飞	zhífēi	direct flight, straight flight
19.	着陆	zhuó//lù	to land
20.	颠簸	diānbǒ	to jolt, to toss, to bump
21.	滑行	huáxíng	to taxi
22.	降低	jiàngdī	to fly low, to lose altitude
23.	黑匣子	hēixiázi	black box

四、乘务实用词汇

Practical Vocabulary on Flight Services

1.	机组	jīzǔ	aircraft crew, aircrew
2.	机长	jīzhǎng	captain
3.	驾驶员	jiàshǐyuán	pilot
4.	副驾驶员	fùjiàshǐyuán	copilot, second pilot
5.	飞行员	fēixíngyuán	pilot
6.	乘务长	chéngwùzhǎng	purser, chief attendant
7.	领航员	lǐnghángyuán	navigator
8.	飞行机械师	fēixíng jīxièshī	flight engineer
9.	男乘务员	nán chéngwùyuán	steward
10.	空姐	kōngjiě	stewardess, hostess
11.	广播员	guǎngbōyuán	(radio) announcer
12.	空勤人员	kōngqín rényuán	flight crew

13.	地面服务人员	dìmiàn fúwù rényuán	ground service staff
14.	地勤人员	dìqín rényuán	ground crew
15.	国际旅客	guójì lǚkè	international passenger
16.	国内旅客	guónèi lǚkè	domestic passenger
17.	过境旅客	guòjìng lǚkè	transit passenger
18.	出港旅客	chūgǎng lǚkè	departing passenger
19.	进港旅客	jìngǎng lǚkè	arriving passenger
20.	转机旅客	zhuǎnjī lǚkè	connecting passenger
21.	候补旅客	hòubǔ lǚkè	stand-by passenger
22.	无人陪伴儿童	wú rén péibàn értóng	unaccompanied child
23.	残疾旅客	cánjí lǚkè	handicapped passenger
24.	误机	wù//jī	to miss a flight
25.	机票	jīpiào	plane ticket
26.	单程机票	dānchéng jīpiào	one way ticket
27.	回程机票	huíchéng jīpiào	return ticket
28.	定期机票	dìngqī jīpiào	confirmed ticket
29.	半票	bànpiào	half-price ticket
30.	退票	tuì piào	to get a refund for a ticket
31.	登机牌	dēngjīpái	boarding pass
32.	经济舱	jīngjìcāng	economy class, tourist class
33.	头等舱	tóuděngcāng	first class
34.	航班号	hángbānhào	flight number
35.	直达航班	zhídá hángbān	non-stop flight, direct flight
36.	国内航线	guónèi hángxiàn	domestic route

37.	国际航线	guójì hángxiàn	international route
38.	时差	shíchā	time difference
39.	当地时间	dāngdì shíjiān	local time
40.	北京时间	Běijīng shíjiān	Beijing time
41.	行李牌	xíngliрái	baggage tag
42.	行李提取单	xíngli tíqǔdān	baggage check
43.	超重行李	chāozhòng xíngli	excess baggage
44.	行李称重处	xíngli chēngzhòngchù	baggage check-in counter
45.	超重	chāo//zhòng	to be overweight
46.	行李标签	xíngli biāoqiān	baggage label/tag
47.	违禁品	wéijìnpǐn	contraband
48.	晕机	yùn//jī	to be airsick
49.	海关	hǎiguān	customs
50.	申报	shēnbào	to declare something (to the customs)
51.	海关申报单	hǎiguān shēnbàodān	customs declaration form
52.	入境旅客物品申报单	rùjìng lǚkè wùpǐn shēnbàodān	customs declaration form for inward passengers
53.	填表	tián biǎo	to fill in a form
54.	办理出境手续	bànlǐ chūjìng shǒuxù	to go through one's exit formalities
55.	办理入境手续	bànlǐ rùjìng shǒuxù	to go through one's entry formalities

Fùlù

附 录

Appendices

汉语拼音与国际音标对照表

Table of Comparisons Between
Chinese *Pinyin* and the International Phonetic System

声调 The Four Tones

一声（55）	二声（35）	三声（214）	四声（51）
first tone	second tone	third tone	fourth tone
(high and level tone)	(rising tone)	(falling-rising tone)	(falling tone)

声母表 Table of Initial Consonants

拼音字母	国际音标	拼音字母	国际音标	拼音字母	国际音标
b	[p]	g	[k]	s	[s]
p	[pʻ]	k	[kʻ]	zh	[tʂ]
m	[m]	h	[x]	ch	[tʂʻ]
f	[f]	j	[tɕ]	sh	[ʂ]
d	[t]	q	[tɕʻ]	r	[ʐ]
t	[tʻ]	x	[ɕ]	y	[j]
n	[n]	z	[ts]	w	[w]
l	[l]	c	[tsʻ]		

单韵母表（以下韵母为单用或只跟在辅音后）

Table of Single Finals (The following finals can be used alone or after a consonant.)

拼音字母	国际音标	拼音字母	国际音标	拼音字母	国际音标
ɑ	[A]	e	[ɤ]	u	[u]
o	[o]	i	[i]	ü	[y]

复韵母表 Table of Compound Finals

拼音字母	国际音标	拼音字母	国际音标	拼音字母	国际音标
ai	[ai]	ing	[iŋ]	uai	[uai]
ei	[ei]	ia	[iA]	ui（uei）	[uei]
ao	[ɑu]	iao	[iɑu]	uan	[uan]
ou	[ou]	ian	[iɛn]	uang	[uɑŋ]
an	[an]	iang	[iɑŋ]	un（uen）	[uən]
en	[ən]	ie	[iɛ]	ueng	[uəŋ]
in	[in]	iong	[yŋ]	üe	[yɛ]
ang	[ɑŋ]	（iu）iou	[iou]	üan	[yɛn]
eng	[əŋ]	ua	[uA]	ün	[yn]
ong	[uŋ]	uo	[uo]		

注意事项：

① 汉语拼音有一些缩写形式，在转换时应特别引起注意，应恢复成完整形式。如：iu 是 iou 的缩写，ui 是 uei 的缩写，un 是 uen 的缩写，ü 在 j、q、x 和 y 后写作 u。

② 儿化标记：r 写在音节末尾。

③ i 在 zh、ch、sh、r 后读［ʅ］，在 z、c、s 后读［ɿ］。

Notes:

(1) There are some abbreviations in Chinese *Pinyin*. One should remember their complete forms. For example, "ui" is the abbreviation of "uei", "un" is the abbreviation of "uen", and "ü" should be written as "u" behind "j", "q", "x" or "y".

(2) The retroflex indicator: "r" is written at the end of some syllables to indicate retroflexion.

(3) "i" becomes [ʅ] after "zh", "ch", "sh" and "r" and [ɿ] after "z", "c" and "s".

世界主要城市及其代码

Major Cities in the World and the Corresponding Codes

城市	代码	中文名	国家	备注
ADELAIDE	ADL	Ādéláidé 阿德莱德	Àodàlìyà 澳大利亚	
AMSTERDAM	AMS	Āmǔsītèdān 阿姆斯特丹	Hélán 荷兰	
ANCHORAGE	ANC	Ānkēléiqí 安科雷奇	Měiguó 美国	阿拉斯加州 (in Alaska State)
ATHENS	ATH	Yǎdiǎn 雅典	Xīlà 希腊	首都 (capital)
ATLANTA	ATL	Yàtèlándà 亚特兰大	Měiguó 美国	
AUCKLAND	AKL	Àokèlán 奥克兰	Xīnxīlán 新西兰	
BANGALORE	BLR	Bānjiāluó'ěr 班加罗尔	Yìndù 印度	软件城 (software city)
BANGKOK	BKK	Màngǔ 曼谷	Tàiguó 泰国	首都
BARCELONA	BCN	Bāsàiluónà 巴塞罗那	Xībānyá 西班牙	
BASLE	BSL	Bāsài'ěr 巴塞尔	Ruìshì 瑞士	
BELFAST	BFS	Bèi'ěrfǎsītè 贝尔法斯特	Yīngguó 英国	

BERLIN	BER	Bólín 柏林	Déguó 德国	
BILLUND	BLL	Bǐlúndé 比伦德	Dānmài 丹麦	
BIRMINGHAM	BHX	Bómínghàn 伯明翰	Yīngguó 英国	
BOLOGNA	BLQ	Bōlúnyà 波伦亚	Yìdàlì 意大利	
BOMBAY (MUMBAI)	BOM	Mèngmǎi 孟买	Yìndù 印度	旧名称 （old name）
BOSTON	BOS	Bōshìdùn 波士顿	Měiguó 美国	
BREMEN	BRE	Bùláiméi 不来梅	Déguó 德国	
BRISBANE	BNE	Bùlǐsībān 布里斯班	Àodàlìyà 澳大利亚	
BRUSSELS	BRU	Bùlǔsài’ěr 布鲁塞尔	Bǐlìshí 比利时	
BUDAPEST	BUD	Bùdápèisī 布达佩斯	Xiōngyálì 匈牙利	
CAIRO	CAI	Kāiluó 开罗	Āijí 埃及	
CALCUTTA (KOLKATA)	CCU	Jiā’ěrgèdá 加尔各答	Yìndù 印度	
CAPE TOWN	CPT	Kāipǔdūn 开普敦	Nánfēi 南非	
CEBU	CEB	Sùwù 宿务	Fēilùbīn 菲律宾	
CHARLES DE GAULLE	CDG	Bālí 巴黎	Fǎguó 法国	首都

CHICAGO	CHI	Zhījiāgē 芝加哥	Měiguó 美国	
COLOGNE	CGN	Kēlóng 科隆	Déguó 德国	
COPENHAGEN	CPH	Gēběnhāgēn 哥本哈根	Dānmài 丹麦	首都
CORK	ORK	Kēkè Qúndǎo 科克群岛	Ài'ěrlán 爱尔兰	
DALLAS/FORT WORTH	DFW	Dálāsī 达拉斯	Měiguó 美国	
DELHI	DEL	Délǐ 德里	Yìndù 印度	
DENVER	DEN	Dānfó 丹佛	Měiguó 美国	
DHAKA	DAC	Dákǎ 达卡	Mèngjiālā 孟加拉	
DUBAI	DXB	Díbài 迪拜	Āliánqiú 阿联酋	
DUBLIN	DUB	Dūbólín 都柏林	Ài'ěrlán 爱尔兰	
DULLES INTL APT	IAD	Huáshèngdùn Dùlèsī Guójì jīchǎng 华盛顿杜勒斯国际机场	Měiguó 美国	
DUSSELDORF	DUS	Dùsài'ěrduōfū 杜塞尔多夫	Déguó 德国	
FLORENCE	FLR	Fóluólúnsà 佛罗伦萨	Yìdàlì 意大利	
FRANKFURT	FRA	Fǎlánkèfú 法兰克福	Déguó 德国	
FUKUOKA	FUK	Fúgāng 福冈	Rìběn 日本	

GENEVA	GVA	Rìnèiwǎ 日内瓦	Ruìshì 瑞士	
GLASGOW	GLA	Gélāsīgē 格拉斯哥	Yīngguó 英国	
GOTHENBURG	GOT	Gēdébǎo 哥德堡	Ruìdiǎn 瑞典	
HAMBURG	HAM	Hànbǎo 汉堡	Déguó 德国	
HANEDA APT	HND	Dōngjīng 东京	Rìběn 日本	首都
HANOVER	HAJ	Hànnuòwēi 汉诺威	Déguó 德国	
HELSINKI	HEL	Hè'ěrxīnjī 赫尔辛基	Fēnlán 芬兰	
HOUSTON	HOU	Xiūsīdūn 休斯敦	Měiguó 美国	
ISTANBUL	IST	Yīsītǎnbù'ěr 伊斯坦布尔	Tǔ'ěrqí 土耳其	首都
JAKARTA	JKT	Yǎjiādá 雅加达	Yìndùníxīyà 印度尼西亚	首都
JAKARTA SOEKARNO	CGK	Yǎjiādá Sūjiānuò Jīchǎng 雅加达苏加诺机场	Yìndùníxīyà 印度尼西亚	
JEDDAH	JED	Jídá 吉达	Shātè Ālābó 沙特阿拉伯	
JOHANNESBURG	JNB	Yuēhànnèisībǎo 约翰内斯堡	Nánfēi 南非	首都
KANSAI	KIX	Dàbǎn 大阪	Rìběn 日本	
KUALA LUMPUR	KUL	Jílóngpō 吉隆坡	Mǎláixīyà 马来西亚	首都

LILLE	LIL	Lǐ'ěr 里尔	Fǎguó 法国	
LINZ	LNZ	Líncí 林茨	Àodìlì 奥地利	
LISBON	LIS	Lǐsīběn 里斯本	Pútáoyá 葡萄牙	首都
LONDON	LON	Lúndūn 伦敦	Yīngguó 英国	首都
LOS ANGELES	LAX	Luòshānjī 洛杉矶	Měiguó 美国	
LUXEMBOURG	LUX	Lúsēnbǎo 卢森堡	Lúsēnbǎo 卢森堡	首都
LYON	LYS	Lǐ'áng 里昂	Fǎguó 法国	
MADRAS (CHENNAI)	MAA	Mǎdélāsī 马德拉斯	Yìndù 印度	旧名称
MADRID	MAD	Mǎdélǐ 马德里	Xībānyá 西班牙	首都
MALMO	MMA	Mǎ'ěrmò 马尔默	Ruìdiǎn 瑞典	
MANCHESTER	MAN	Mànchèsītè 曼彻斯特	Yīngguó 英国	
MANILA	MNL	Mǎnílā 马尼拉	Fēilǜbīn 菲律宾	首都
MARSEILLE	MRS	Mǎsài 马赛	Fǎguó 法国	
MELBOURNE	MEL	Mò'ěrběn 墨尔本	Àodàlìyà 澳大利亚	
MEMPHIS, TN	MEM	Mèngfēisī 孟菲斯	Měiguó 美国	

MIAMI	MIA	Mài'āmì 迈阿密	Měiguó 美国	
MILAN	MIL	Mǐlán 米兰	Yìdàlì 意大利	
MONTREAL DORVAL	YUL	Měngtèlì'ěr Tèlǔduō Jīchǎng 蒙特利尔特鲁多机场	Jiānádà 加拿大	
MONTREAL MIRABEL	YMX	Měngtèlì'ěr Mǐlābèi'ěr Jīchǎng 蒙特利尔 米拉贝尔机场	Jiānádà 加拿大	
MONTREAL	YMQ	Měngtèlì'ěr 蒙特利尔	Jiānádà 加拿大	
MUNICH	MUC	Mùníhēi 慕尼黑	Déguó 德国	
MUNSTER	FMO	Měngsītè 蒙斯特	Déguó 德国	
NAGASAKI	NGS	Chángqí 长崎	Rìběn 日本	
NAGOYA	NGO	Mínggǔwū 名古屋	Rìběn 日本	
NANTES	NTE	Nántè 南特	Fǎguó 法国	
NEW YORK J. F. KENNEDY	JFK	Niǔyuē Kěnnídí Guójì Jīchǎng 纽约肯尼迪 国际机场	Měiguó 美国	
NEW YORK	NYC	Niǔyuē 纽约	Měiguó 美国	
NEWCASTLE	NCL	Niǔkāsī'ěr 纽卡斯尔	Yīngguó 英国	

NUREMBERG	NUE	Niǔlúnbǎo 纽伦堡	Déguó 德国	
O'HARE, CHICAGO	ORD	Zhījiāgē Àohēi'ěr Jīchǎng 芝加哥奥黑尔机场	Měiguó 美国	
OSAKA	OSA	Dàbǎn 大阪	Rìběn 日本	
OSLO	OSL	Àosīlù 奥斯陆	Nuówēi 挪威	
OTTAWA	YOW	Wòtàihuá 渥太华	Jiānádà 加拿大	首都
PARIS	PAR	Bālí 巴黎	Fǎguó 法国	首都
PEARSON INTL APT	YYZ	Duōlúnduō Pí'ěrxùn Guójì Jīchǎng 多伦多皮尔逊国际机场	Jiānádà 加拿大	
PENANG	PEN	Bīnlángyǔ/Bīnchéng 槟榔屿 / 槟城	Mǎláixīyà 马来西亚	
PERTH	PER	Pèisī 佩斯	Àodàlìyà 澳大利亚	
PHILADELPHIA	PHL	Fèichéng 费城	Měiguó 美国	
PHOENIX	PHX	Fēiníkèsī 菲尼克斯	Měiguó 美国	
PRAGUE	PRG	Bùlāgé 布拉格	Jiékè Gònghéguó 捷克共和国	首都
PUSAN	PUS	Fǔshān 釜山	Hánguó 韩国	
RIO DE JANEIRO	RIO	Lǐyuērènèilú 里约热内卢	Bāxī 巴西	

ROME	ROM	Luómǎ 罗马	Yìdàlì 意大利	首都
ROTTERDAM	RTM	Lùtèdān 鹿特丹	Hélán 荷兰	
SAN FRANCISCO	SFO	Jiùjīnshān 旧金山	Měiguó 美国	
SAPPORO	SPK	Zhāhuǎng 扎幌	Rìběn 日本	
SEATTLE	SEA	Xīyǎtú 西雅图	Měiguó 美国	
SENDAI	SDJ	Xiāntái 仙台	Rìběn 日本	
SEOUL	SEL	Shǒu'ěr 首尔	Hánguó 韩国	首都
SHANNON	SNN	Xiāngnóng 香农	Ài'ěrlán 爱尔兰	
SINGAPORE	SIN	Xīnjiāpō 新加坡	Xīnjiāpō 新加坡	首都
STOCKHOLM	STO	Sīdégē'ěrmó 斯德哥尔摩	Ruìdiǎn 瑞典	首都
STUTTGART	STR	Sītújiātè 斯图加特	Déguó 德国	
SURABAYA	SUB	Sìshuǐ 泗水	Yìndùníxīyà 印度尼西亚	
SYDNEY	SYD	Xīní 悉尼	Àodàlìyà 澳大利亚	
TEL AVIV-YAFO	TLV	Tèlāwéifū 特拉维夫	Yǐsèliè 以色列	
TORONTO	YTO	Duōlúnduō 多伦多	Jiānádà 加拿大	

VANCOUVER	YVR	Wēngēhuá 温哥华	Jiānádà 加拿大	
VENICE	VCE	Wēinísī 威尼斯	Yìdàlì 意大利	
VIENNA	VIE	Wéiyěnà 维也纳	Àodìlì 奥地利	
WASHINGTON, DC	WAS	Huáshèngdùn 华盛顿	Měiguó 美国	首都
ZURICH	ZRH	Sūlíshì 苏黎世	Ruìshì 瑞士	首都

中国主要城市机场及其代码

Airports in Major Chinese Cities and the Corresponding Codes

Chéngshì 城市	Dàimǎ 代码	Jīchǎng 机场
Àomén 澳门	MFM	Àomén 澳门
Bāotóu 包头	BAV	Bāotóu 包头
Běijīng 北京	PEK	Shǒudū 首都
	NAY	Nányuàn 南苑
Chángchūn 长春	CGQ	Lóngjiā 龙嘉
Chángshā 长沙	CSX	Huánghuā 黄花
Chéngdū 成都	CTU	Shuāngliú 双流
Dàlián 大连	DLC	Zhōushuǐzi 周水子
Dāndōng 丹东	DDG	Làngtóu 浪头
Díqìng 迪庆	DIG	Xiānggélǐlā 香格里拉
Dūnhuáng 敦煌	DNH	Dūnhuáng 敦煌
Fúzhōu 福州	FOC	Chánglè 长乐
Gànzhōu 赣州	KOW	Huángjīn 黄金
Gāoxióng 高雄	KHH	Xiǎogǎng 小港
Guǎngzhōu 广州	CAN	Báiyún 白云
Hā'ěrbīn 哈尔滨	HRB	Tàipíng 太平
Hǎikǒu 海口	HAK	Měilán 美兰
Hǎilā'ěr 海拉尔	HLD	Dōngshān 东山
Hángzhōu 杭州	HGH	Xiāoshān 萧山
Héféi 合肥	HFE	Luògǎng 骆岗
Hūhéhàotè 呼和浩特	HET	Báitǎ 白塔
Huángshān 黄山	TXN	Túnxī 屯溪
Jílín 吉林	JIL	Èrtáizi 二台子
Jǐnán 济南	TNA	Yáoqiáng 遥墙
Jiāyùguān 嘉峪关	JGN	Jiāyùguān 嘉峪关
Jǐnzhōu 锦州	JNZ	xiǎolǐngzi 小岭子
Jìnjiāng 晋江	JJN	Quánzhōu 泉州
Jí'ān 吉安	JGS	Jǐnggāngshān 井冈山
Jǐngdézhèn 景德镇	JDZ	Luójiā 罗家

Jiǔjiāng 九江	JIU	Lúshān 庐山
Jiǔzhàigōu 九寨沟	JZH	Huánglóng 黄龙
Kūnmíng 昆明	KMG	Wūjiābà 巫家坝
Lāsà 拉萨	LXA	Gònggǎ 贡嘎
Lánzhōu 兰州	LHW	Zhōngchuān 中川
Lìjiāng 丽江	LJG	Sānyì 三义
Liányúngǎng 连云港	LYG	Báitǎbù 白塔埠
Línyí 临沂	LYI	Shùbùlǐng 沭埠岭
Luòyáng 洛阳	LYA	Luòyáng 洛阳
Miányáng 绵阳	MIG	Nánjiāo 南郊
Mǔdānjiāng 牡丹江	MDG	Hǎilàng 海浪
Nánchāng 南昌	KHN	Chāngběi 昌北
Nánjīng 南京	NKG	Lùkǒu 禄口
Nánníng 南宁	NNG	Wúxū 吴圩
Níngbō 宁波	NGB	Lìshè 栎社
Qíqíhā'ěr 齐齐哈尔	NDG	Sānjiāzi 三家子
Qínhuángdǎo 秦皇岛	SHP	Shānhǎiguān 山海关
Qīngdǎo 青岛	TAO	Liútíng 流亭

Sānyà 三亚	SYX	Fènghuáng 凤凰
Shàntóu 汕头	SWA	Wàishā 外砂
Shànghǎi 上海	SHA	Hóngqiáo 虹桥
	PVG	Pǔdōng 浦东
Shēnzhèn 深圳	SZX	Bǎo'ān 宝安
Shěnyáng 沈阳	SHE	Táoxiān 桃仙
Shíjiāzhuāng 石家庄	SJW	Zhèngdìng 正定
Táiběi 台北	TPE	Táoyuán 桃园
Tàiyuán 太原	TYN	Wǔsù 武宿
Tiānjīn 天津	TSN	Bīnhǎi 滨海
Wànzhōu 万州	WXN	Wǔqiáo 五桥
Wēihǎi 威海	WEH	Wéndēng 文登
Wéifāng 潍坊	WEF	Wéifāng 潍坊
Wēnzhōu 温州	WNZ	Yǒngqiáng 永强
Wūlǔmùqí 乌鲁木齐	URC	Dìwōpù 地窝铺
Wǔhàn 武汉	WUH	Tiānhé 天河
Wǔyíshān 武夷山	WUS	Wǔyíshān 武夷山
Xī'ān 西安	XIY	Xiányáng 咸阳

City	Code	Airport
Xīshuāngbǎnnà 西双版纳	JHG	Gāsǎ 嘎洒
Xīníng 西宁	XNN	Cáojiāpù 曹家堡
Xiàmén 厦门	XMN	Gāoqí 高崎
Xiānggǎng 香港	HKG	Chìlàjiǎo 赤腊角
Xiāngfán 襄樊	XFN	Liújí 刘集
Xúzhōu 徐州	XUZ	Guānyīn 观音
Yāntái 烟台	YNT	Láishān 莱山
Yánjí 延吉	YNJ	Cháoyángchuān 朝阳川
Yíchāng 宜昌	YIH	Sānxiá 三峡
Yínchuān 银川	INC	Hédōng 河东
Zhāngjiājiè 张家界	DYG	Héhuā 荷花
Zhèngzhōu 郑州	CGO	Xīnzhèng 新郑
Chóngqìng 重庆	CKG	Jiāngběi 江北
Zhōushān 舟山	HSN	Zhūjiājiān 朱家尖
Zhūhǎi 珠海	ZUH	Sānzào 三灶

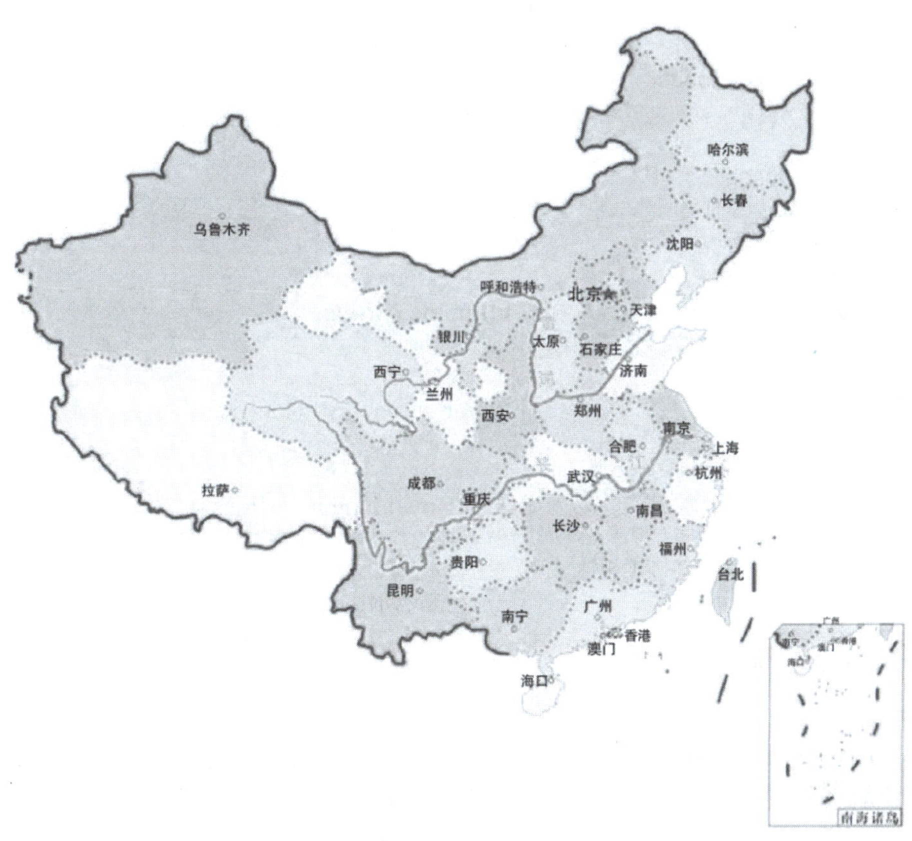

附录Ⅳ Appendix Ⅳ

世界主要航空公司及其代码

Major Airlines in the World and the Corresponding Codes

Hángkōng gōngsī 航空公司		Dàimǎ 代码
Àodàlìyà Kuàidá Hángkōng Gōngsī 澳大利亚快达航空公司	Qantas Flights	QF
Bǐlìshí Hángkōng Gōngsī 比利时航空公司	Brussels Airlines	SN
Dàhán Hángkōng Gōngsī 大韩航空公司	Korean Air	KE
Déguó Hànshā Hángkōng Gōngsī 德国汉莎航空公司	Lufthansa	LH
Éluósī Guójì Hángkōng Gōngsī 俄罗斯国际航空公司	Aeroflot Russian International Airlines	SU
Fǎguó Hángkōng Gōngsī 法国航空公司	Air France	AF
Fēilùbīn Hángkōng Gōngsī 菲律宾航空公司	Philippine Airlines	PR
Fēnlán Hángkōng Gōngsī 芬兰航空公司	Finnair	AY
Hélán Huángjiā Hángkōng Gōngsī 荷兰皇家航空公司	KLM Royal Dutch Airlines	KL
Jiānádà Guójì Hángkōng Gōngsī 加拿大国际航空公司	Canadian Airlines International	CP
Lǎowō Hángkōng Gōngsī 老挝航空公司	Lao Airlines	QV
Mǎláixīyà Hángkōng Gōngsī 马来西亚航空公司	Malaysia Airlines	MH

Měiguó Hézhòngguó Hángkōng Gōngsī 美国合众国航空公司	US Airways	US
Měiguó Dàlù Hángkōng Gōngsī 美国大陆航空公司	Continental Airlines	CO
Měiguó Liánhé Hángkōng Gōngsī 美国联合航空公司	United Airlines	UA
Miǎndiàn Guójì Hángkōng Gōngsī 缅甸国际航空公司	Myanmar Airways International	UB
Mòxīgē Hángkōng Gōngsī 墨西哥航空公司	Aeromexico	AM
Pútáoyá Hángkōng Gōngsī 葡萄牙航空公司	TAP Portugal	TP
Rìběn Hángkōng Gōngsī 日本航空公司	Japan Airlines	JL
Ruìshì Hángkōng Gōngsī 瑞士航空公司	Swissair	SR
Tàiguó Guójì Hángkōng Gōngsī 泰国国际航空公司	Thai Airways International	TG
Xībānyá Hángkōng Gōngsī 西班牙航空公司	Iberia Airlines	IB
Xīnjiāpō Hángkōng Gōngsī 新加坡航空公司	Singapore Airlines	SQ
Xīnxīlán Hángkōng Gōngsī 新西兰航空公司	Air New Zealaad	NZ
Yìdàlì Hángkōng Gōngsī 意大利航空公司	Alitalia	AZ
Yìndù Hángkōng Gōngsī 印度航空公司	Air India	AI
Yìndùníxīyà Hángkōng Gōngsī 印度尼西亚航空公司	Garuda Indonesia Airlines	GA
Yīngguó Hángkōng Gōngsī 英国航空公司	British Airways	BA
Zhōngguó Dōngfāng Hángkōng Gōngsī 中国东方航空公司	China Eastern Airlines	MU

Zhōngguó Guójì Hángkōng Gōngsī 中国国际航空公司	Air China	CA
Zhōngguó Hǎinán Hángkōng Gōngsī 中国海南航空公司	Hainan Airlines	HU
Zhōngguó Nánfāng Hángkōng Gōngsī 中国南方航空公司	China Southern Airlines	CZ
Zhōngguó Xīnán Hángkōng Gōngsī 中国西南航空公司	China Southwest Airlines	SZ